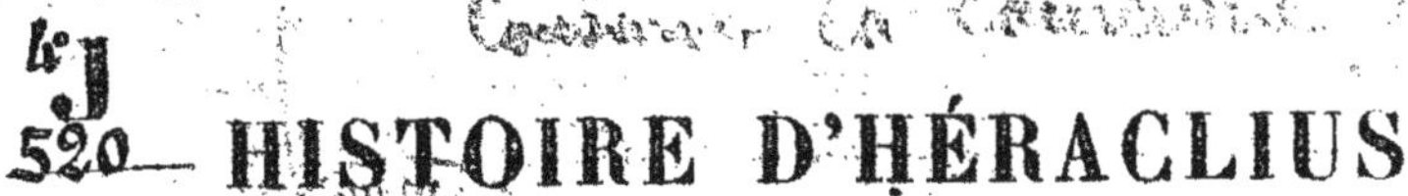

HISTOIRE D'HÉRACLIUS

PAR L'ÉVÊQUE SEBÊOS

TRADUITE DE L'ARMÉNIEN ET ANNOTÉE

PAR

FRÉDÉRIC MACLER

PARIS
IMPRIMERIE NATIONALE

ERNEST LEROUX, ÉDITEUR, RUE BONAPARTE, 28

MDCCCCIV

HISTOIRE D'HÉRACLIUS

PAR L'ÉVÊQUE SEBÊOS

HISTOIRE D'HÉRACLIUS

PAR L'ÉVÊQUE SEBÊOS

TRADUITE DE L'ARMÉNIEN ET ANNOTÉE

PAR

FRÉDÉRIC MACLER

PARIS

IMPRIMERIE NATIONALE

ERNEST LEROUX, ÉDITEUR, RUE BONAPARTE, 28

MDCCCCIV

À LA MÉMOIRE

DE

AUGUSTE CARRIÈRE

PROFESSEUR À L'ÉCOLE DES LANGUES ORIENTALES VIVANTES
DIRECTEUR D'ÉTUDES À L'ÉCOLE DES HAUTES-ÉTUDES

INTRODUCTION.

L'évêque Sebêos est le seul écrivain arménien du VIIe siècle qui raconte les premières invasions des Arabes en Arménie : contemporain de la chute des Sassanides, il en trace le tableau avec l'autorité d'un historien qui a assisté à la plupart des événements qu'il relate; il les expose, il est vrai, sans les discuter, sans les soumettre à un examen critique; ce faisant, il se conformait à l'usage courant de son temps, soit qu'il s'agisse des chronographes byzantins ou des annalistes arabes.

Retraçant, pour une bonne part, des événements auxquels il a assisté, ou dont il pouvait tenir le récit de témoins oculaires, Sebêos ne donne aucune indication de sources écrites où il aurait puisé; son livre est lui-même une source à laquelle ses successeurs viendront recueillir leurs renseignements. Toutefois, à en juger par le style, par la façon de narrer, il semble bien que Sebêos se soit inspiré, et, sans doute aussi, servi des auteurs byzantins; il adopte leur manière de citer les faits sans les commenter, de passer d'un sujet à un autre sans transition apparente; il conte les événements au petit bonheur, suivant qu'ils se présentent à sa mémoire.

Notre intention n'est pas de présenter une étude historique sur l'Arménie au VIe et au VIIe siècle, ni d'en esquisser un tableau d'ensemble, tracé même à grands traits; notre but est beaucoup plus modeste : donner une traduction de l'ouvrage de Sebêos, en l'accompagnant des notes historiques et philologiques, jugées indispensables pour l'intelligence du texte. Aussi, nous en tenant à ce strict programme, n'avons-nous pas à faire la critique historique du texte arménien de Sebêos.

L'ouvrage est intitulé : *Histoire d'Héraclius*, expression assez impropre, en ce sens que l'auteur narre bien d'autres événements; mais qui, d'autre part, convient dans une certaine mesure, car le récit pivote autour des guerres de l'empereur Héraclius avec Xosrov II[1]. On y trouve des détails très intéressants sur les prédécesseurs, sur les contemporains et sur les successeurs de ces deux princes. La fin de l'ouvrage retrace en quelques pages l'invasion arabe en Perse, en Arménie, dans l'empire gréco-byzantin. Le récit prend à la fin du ve siècle et s'étend jusqu'à l'avènement au trône du khalife Moavia (661).

L'œuvre de Sebêos est avant tout celle d'un prêtre, et dans ses défauts comme dans ses qualités, elle se ressent du caractère de son auteur. L'historien de l'Église aura peut-être plus à glaner dans l'*Histoire d'Héraclius* que l'historien politique. L'époque qui vit naître et mourir Sebêos, le VIIe siècle, fut particulièrement agitée, au point de vue religieux[2]. Chrétiens, les Arméniens ne voulaient à aucun prix subir le joug des adeptes du zoroastrisme, qui leur infligèrent, de ce chef, mainte persécution. Les relations avec Byzance n'étaient pas plus amicales. La lutte et les querelles religieuses ne tardèrent pas à éclater entre Grecs et Arméniens, au sujet du concile de Chalcédoine; la question du monophysisme trancha en deux camps bien distincts le christianisme oriental, et la scission, une fois opérée, alla s'affirmant et s'accroissant tous les jours davantage; la politique arménienne de cette époque en subit le

(1) Nous orthographions ainsi ce nom (au lieu de Chosroès) pour nous conformer au système de transcription adopté dans le courant de l'ouvrage. Nous conservons la forme Héraclius, parce que ce nom est orthographié très diversement par Sebêos et qu'aucune de ces nombreuses graphies ne l'emporte sur l'autre.

(2) Sebêos écrivit son histoire dans le troisième quart du VIIe siècle. Cf. A. Baumgartner, *Ueber das Buch « Die Chrie »*, Leipzig, 1886, p. 466-467.

contre-coup et les descendants de Hayk furent sans cesse ballotés entre Byzantins et Perses jusqu'au jour où les Arabes s'emparèrent du pays qui avait constitué jadis le royaume d'Arménie. Ces luttes, ces querelles, ces guerres incessantes sont racontées avec beaucoup de détails par l'évêque Sebêos. Les traits distinctifs de son ouvrage, ses mérites, ses défectuosités ont été analysés et relevés avec soin par M. H. Hübschmann[1]; il n'y a pas à y revenir.

L'*Histoire d'Héraclius*, par Sebêos, est citée par Étienne Asołik de Taron, entre Fauste de Byzance et Léonce le Prêtre[2], puis par Giragos de Gandzak[3] et par Tchamtchean dans la préface de son histoire[4]. Les deux éditions qu'on en possède ont été faites sur un manuscrit unique de la bibliothèque d'Etchmiadzin, qui fut signalé par Brosset, en 1848, dans ses *Rapports sur un voyage en Géorgie et en Arménie* (3e rapport, p. 45 et suiv.)[5]. La première édition fut donnée en 1851, à Constantinople, par Thaddée Mihrtad Mihrtadiantz[6]. Quelques années plus tard, des extraits de cette chronique furent traduits par E. Dulaurier[7]. En 1862, un savant arménien de Russie, K. Patkanian (en russe Patkanov) donna une traduction russe de l'histoire de Sebêos[8]. Il se servit des matériaux ainsi réunis

(1) *Zur Geschichte Armeniens und der ersten Kriege der Araber*..., p. 1-10.

(2) Cf. *Histoire universelle*, par Étienne Açogh'ig de Daron, traduite de l'arménien et annotée par E. Dulaurier..., 1re partie. Paris, 1883, p. 4. Étienne de Taron est du xe siècle.

(3) Éd. de Venise, 1865, p. 3.

(4) T. I, p. 18.

(5) Cf. V. Langlois, *Collection des historiens anciens et modernes de l'Arménie*... t. I, p. 195, n. 1.

(6) *Պատմութիւն Սեբէոսի եպիսկոպոսի ի Հերակլն*... Constantinople, 1851.

(7) *Recherches sur la Chronologie arménienne, technique et historique*..., I. Paris, 1859, *passim*.

(8) Comme nous ne savons pas le russe, cette traduction ne nous a été d'aucune utilité; en voici le titre: Исторія императора Иракла, переводъ отъ армянскаго, Saint-Pétersbourg, 1862 (la préface est signée de K. Patkanov, dont le nom ne figure pas sur le titre).

pour les joindre aux renseignements puisés chez d'autres auteurs arméniens et écrivit une histoire des Sassanides[1]. Langlois a donné dans sa *Collection*..., I, p. 195-200, la traduction d'un passage faussement attribué à Sebêos et qui figure sous le nom de Pseudo-Agathange. L'ouvrage de Sebêos a été mis à contribution par L. Drapeyron, dans une note de son *Empereur Héraclius*, note que nous croyons devoir reproduire intégralement[2].

Le savant professeur M. H. Hübschmann traduisit en allemand quelques chapitres de Sebêos, relatifs aux invasions des Arabes[3]. Enfin Patkanian donna une seconde édition du texte arménien, en 1879[4]. C'est sur cette édition qu'a été faite la présente traduction.

Les deux éditions de l'*Histoire d'Héraclius*, par l'évêque Sebêos, sont divisées en trois parties ou livres (Պատմութիւն). La première partie a été traduite par Langlois[5], sous le nom de Pseudo-Agathange; elle n'est manifestement pas de Sebêos et ne doit pas figurer parmi les œuvres de cet auteur[6]. La deuxième partie est une compilation de Moïse de Xoren et d'Étienne de Taron; or ce dernier écrivit jusqu'en 1004; son

[1] *Essai d'une histoire de la dynastie des Sassanides, d'après les renseignements fournis par les historiens arméniens*, par M. K. Patkanian; traduit du russe par M. Évariste Prud'homme, dans le *Journal asiatique*, 1866, I, p. 101-238.

[2] *L'empereur Héraclius et l'empire byzantin au VIIe siècle*, par L. Drapeyron... Paris, 1869, p. 13, n. 1 : « Plusieurs passages sont cités dans la *Chronologie arménienne*, de M. Dulaurier, qui nous a été d'un puissant secours. En outre, ce savant membre de l'Institut a bien voulu traduire à notre intention des extraits d'un haut intérêt, dont nous avons profité avec reconnaissance. Notre ami M. Picot, aujourd'hui consul de France à Temesvar, a écrit sous la dictée de M. Dulaurier, et nous a transmis sa version. »

[3] *Zur Geschichte Armeniens*.... p. 10-44.

[4] Պատմութիւն Սեբէոսի եպիսկոպոսի ի Հերակլն... Saint-Pétersbourg, 1879.

[5] *Collection*..., I, p. 195-200.

[6] Cf. Adolf Baumgartner, *Ueber das Buch « Die Chrie »*, Leipzig, 1886, p. 466, n. 1.

ouvrage est donc de trois siècles postérieur à Sebêos; il n'y a également pas lieu de traduire ici ce livre II.

Le livre III constitue à lui seul l'histoire de Sebêos et est renfermé de la page 22 à la page 153 de l'édition de Patkanian. C'est la traduction de ce livre qui fait l'objet du présent travail.

Pendant quelques années, Carrière avait songé à donner lui-même une traduction de l'œuvre de Sebêos; dans cette intention, il avait traduit les premières pages du livre II et le passage relatif aux généraux persans. La mort ne lui laissa pas le temps de mettre son projet à exécution. C'est alors que M. Meillet nous conseilla d'achever l'œuvre à peine ébauchée par notre maître commun et de donner une traduction annotée de l'*Histoire d'Héraclius*, par l'évêque Sebêos. Si tentant que fût le projet, nous ne nous dissimulions pas les difficultés de tout genre qui nous attendaient à chaque page. Mais la pensée de continuer et d'achever l'œuvre du maître vénéré qui avait dirigé nos premiers pas dans les études arméniennes nous fut un stimulant des plus précieux et nous donna la force de mener à terme une entreprise aussi ardue. Nous fûmes aidé dans cette tâche par notre ami et maître, M. Meillet, qui voulut bien revoir la traduction en manuscrit et en épreuves, et à qui nous exprimons notre vive gratitude. Nous tenons également à remercier M. Archag Tchobanian, le poète et publiciste arménien bien connu, à la science duquel nous avons eu plus d'une fois recours.

Paris, ce 12 mai 1904.

F. M.

LISTE
DES PRINCIPAUX OUVRAGES CONSULTÉS.

BARBIER DE MEYNARD (C.). *Dictionnaire géographique, historique et littéraire de la Perse et des contrées adjacentes, extrait du Mo'djem el-Bouldan de Yaqout, et complété à l'aide de documents arabes et persans, pour la plupart inédits.* Paris, 1861.

BAUMGARTNER (Adolf). *Ueber das Buch «Die Chrie».* Leipzig, 1886.

DRAPEYRON (L.). *L'empereur Héraclius et l'empire byzantin au VIIe siècle.* Paris, 1869.

DULAURIER (Édouard). *Recherches sur la chronologie arménienne technique et historique, ouvrage formant les prolégomènes de la collection intitulée «Bibliothèque historique arménienne...».* Tome Ier. *Chronologie technique.* Paris, 1859.

GHAZARIAN (M). *Armenien unter der arabischen Herrschaft bis zur Entstehung des Bagratidenreiches, nach arabischen und armenischen Quellen bearbeitet,* dans *Zeitschrift für armenische Philologie...* II, p. 149 et suiv., et 161 et suiv.

GHÉVOND. *Histoire des guerres et des conquêtes des Arabes en Arménie, par l'éminent Ghévond, vardabed arménien, écrivain du VIIIe siècle, traduite par Garabed V. Chahnazarian, et enrichie de notes nombreuses.* Paris, 1856.

HÜBSCHMANN (H.). *Armenische Grammatik.* I. Theil. Leipzig, 1895 et 1897.

— *Zur Geschichte Armeniens und der ersten Kriege der Araber, aus dem Armenischen des Sebêos...* (S. l. n. d.)

LANGLOIS (Victor). *Collection des historiens anciens et modernes de l'Arménie, publiée en français sous les auspices de Son Excellence Nubar-Pacha...* Tome I (et II). Paris, 1867 et 1869.

LYNCH (H.-F.-B.). *Armenia. Travels and Studies...* London, 1901. 2 vol. in-8°.

MARQUART (Dr J.). *Ērānšahr nach der Geographie des Ps. Moses Xorenac'i. Mit historisch-kritischem Kommentar und historischen und topographischen Excursen.* Berlin, 1901.

MEILLET (A.). Sur un système de transcription de l'alphabet arménien, *dans : Banasér,* revue littéraire et scientifique, août-septembre 1902. Paris.

MURALT (Édouard DE). *Essai de chronographie byzantine pour servir à l'examen des annales du Bas-Empire et particulièrement des chronographes slavons de 395 à 1057.* Saint-Pétersbourg, 1855.

— *Essai de chronographie byzantine, 1057-1453.* Bâle et Genève, 1871.

NÖLDEKE (Th.). *Geschichte der Perser und Araber zur Zeit der Sasaniden. Aus der arabischen Chronik des Tabari übersetzt und mit ausführlichen Erläuterungen und Ergänzungen versehen.* Leyden, 1879.

PATKANIAN (K.). *Essai d'une histoire de la dynastie des Sassanides d'après les renseignements fournis par les historiens arméniens... traduit du russe par M. Évariste Prud'homme*, dans *Journal asiatique*, février-mars 1866.

SAINT-MARTIN (J.). *Mémoires historiques et géographiques sur l'Arménie.* Paris, t. I, 1818; t. II, 1819.

— Éditeur de LEBEAU. *Histoire du Bas-Empire*... Paris, 1829.

TER-MIKELIAN (Dr Aršak). *Die armenische Kirche in ihren Beziehungen zur byzantinischen* (vom IV. bis zum XIII. Jahrhundert). Leipzig, 1892.

THOPDSCHIAN (H.). *Armenien vor und während der Araberzeit*, dans *Հանդէս Հայագիտութեան*. Zeitschrift für armenische Philologie, herausgegeben von Agop Manandian,... Franz Nikolaus Finck und Esnik Gjandshezian... Marburg (Hessen), 1903. 2e vol., p. 50-72.

WEBER (Simon). *Die katholische Kirche in Armenien. Ihre Begründung und Entwickelung vor der Trennung*... Freiburg im Breisgau, 1903.

WROTH (Warwick). *Catalogue of the coins of Parthia.* London, 1903.

Pour la transcription des mots arméniens, nous adoptons le système proposé par M. A. Meillet, dans la revue arménienne paraissant à Paris, *Banasêr*, 1902, n° 8-9, p. 255-256. Toutefois, afin de ne pas dérouter le lecteur, nous avons conservé la forme des noms usuels non arméniens, tels que Constantin, Héraclius, Jean, qu'il faudrait nommer : Kostandin, Eraklos, Yovhannês, si l'on transcrivait purement et simplement le texte arménien.

Voici l'alphabet arménien, avec la transcription de M. Meillet :

ա	*a*	ի	*i*	յ	*y*	վ	*v*
բ	*b*	լ	*l*	ն	*n*	տ	*t*
գ	*g*	խ	*x*[3]	շ	*š*[6]	ր	*r*
դ	*d*	ծ	*c*	ո	*o*	ց	*ch*[9]
ե	*e*	կ	*k*	ու	*u*	ւ	*w*
զ	*z*	հ	*h*	չ	*čh*[7]	փ	*ph*
է	*ē*	ձ	*dz*	պ	*p*	ք	*kh*
ը	*ə*[1]	ղ	*ł*[4]	ջ	*dž*	օ	*ō*
թ	*th*	ճ	*č*[5]	ռ	*ρ*[8]		
ժ	*ž*[2]	մ	*m*	ս	*s*		

(1) A peu près *e* muet français.

(2) Le *j* français de *jamais*.

(3) Spirante gutturale sourde (à peu près le *ch* allemand de *auch*).

(4) En ancien arménien, équivaut à *ł* du polonais, *l* dur du russe (dans *lo*) : se prononce actuellement comme une spirante vélaire (à peu près comme le *g* final de l'allemand *Tag*).

(5) Prononcer comme anglais *ch*, ou italien *c* dans *ci* (ou noterait *tch* en français).

(6) Le *ch* français de *chaud*.

(7) *č* aspiré, exactement comme *th* est *t* aspiré (*t* suivi d'un souffle, prononcé comme t allemand), comme *ph* est *p* aspiré, et *kh*, *k* aspiré.

(8) En cas de ռ majuscule initial, on transcrit par *R* (*r* majuscule italique), parce que le Ρ grec se confond avec P. — C'est un *r* plus roulé que ր, transcrit par *r*.

(9) *c* aspiré.

HISTOIRE D'HÉRACLIUS

PAR L'ÉVÊQUE SEBÊOS[1]

PROLOGUE.

Au moment où l'ère de la dynastie arsacide prit fin en Arménie, lorsque la royauté du roi Vpamšapuh fut abolie, régna sur ce [pays arménien] la nation de la puissance Karkhedovmayechi[2], qui, suivant un dessein terrible et redoutable, de concert avec les mages au souffle amer et les grands, et avec tous les principaux naxarars du royaume, [conçut le projet] de supprimer en Arménie les fruits de la piété : ce dessein ne réussit nullement, mais ils subirent de grands dommages, et la piété, de plus en plus florissante, atteignit son plein épanouissement.

Or, en ce qui concerne le règne du malfaisant Yazkert, comment il voulut détruire l'ordre divin et comment les braves naxarars d'Arménie ainsi que le [défenseur] zélé de Dieu, le patriarche de la maison des Mamikoniens, Vardan, surnommé le Rouge, avec leurs compagnons d'armes, armés de pied en cap, tous unis, avec leurs soldats, se liguèrent pour la guerre en prenant en main le bouclier de la foi et en se revêtant, comme d'une forte armure, du zèle pour la parole divine, comme s'ils avaient devant les yeux, en face d'eux, la couronne qui leur était envoyée d'en haut, — car pour cette raison, ils méprisaient la mort et choisissaient la mort sur la voie divine; — comment les soldats persans marchaient contre eux avec une grande violence, ou bien comment, marchant à leur rencontre, ils ont, eux, accompli leur martyre; ou comment les saints témoins, tombés aux mains des païens, ont accompli leur

[1] Ce titre est en tête de l'ouvrage dans l'édition de Constantinople. — [2] Voir l'index.

martyre à Apr Šahr, près de la ville de Nišapuh[1], à l'endroit qui s'appelle Thêarkhuni, — tout ceci a été écrit de la main des autres [auteurs], comme l'atteste la même histoire[2].

Mais tous les maux qui sont survenus sous Peroz, l'insurrection de Vardan contre Xosrov, la révolte de l'armée perse contre Ormizd, la mort d'Ormizd et l'avènement de Xosrov, la mort de Maurice et l'avènement de Phocas, la prise de l'Égypte, le massacre d'Alexandr[i]e, l'expédition d'Héraclius du côté du Nord, vers le roi des Thêtals, l'envoi d'une immense multitude de nations, l'invasion des Grecs en Atrpatakan, le butin fait, le retour à Phaytakaran, l'arrivée de l'armée perse venant d'Orient pour lui faire face, la guerre au pays des Aluans, le retour de l'empereur à la ville de Naxčawan et le combat d'Arčêš, le retour de l'empereur dans son pays et sa marche nouvelle contre Xosrov, la bataille près de Ninive, l'attaque de la ville de Tizbon, le retour dans l'Atrpatakan, la mort de Xosrov, l'avènement de Kawat, le traité de paix entre les deux rois, l'abandon des frontières grecques, le retour de la croix divine dans la ville sainte; après cela, l'éveil d'une immense colère et les derniers méfaits du bandit dans les régions du sud; comment les armées d'Ismaël se sont mises subitement en mouvement, et en un instant, chassant la puissance des deux rois, ont occupé depuis l'Égypte jusqu'en deçà du grand fleuve Euphrate et jusqu'à la frontière d'Arménie, et des rivages de la grande mer occidentale jusqu'à la Porte du royaume des Perses, toutes les villes de la Mésopotamie syrienne, Tizbon, Veh Artašir, Marand, Hamatan, jusqu'à la ville de Gandzak et à la grande ville de Hrat, qui est dans le district d'Atrpatakan : voilà ce que j'ai voulu vous raconter sommairement dans le présent ouvrage.

[1] *Abrašahr*, ancien nom de *Nichapour*, ou plutôt de la région où se trouve cette ville. Cf. Tab. Nöld., p. 17, 145.

[2] Ce passage est incompréhensible. Le ms. qui renferme l'histoire de Sebêos contient également *Lazare de Pharbe*. Sebêos donnerait-il son ouvrage comme une suite?

CHAPITRE I.

Vahan se révolte contre Peroz, s'empare du pouvoir et remporte la victoire. – Mort de Peroz. – Règne de Kawat qui honore Vahan des fonctions de marzpan. – Mort de Kawat et règne de Xosrov, surnommé Anuš Ǝpuan. – Révolte de Vardan et soumission des Arméniens aux Grecs. – Xosrov fait la guerre et est battu.

Au temps de Peroz[1], roi de Perse, toutes les dignités, les institutions et les lois de la religion chrétienne furent abolies. L'oppression, les persécutions, les outrages pesaient à tel point sur les seigneurs arméniens, qu'ils secouèrent le joug de la servitude, et que Vahan le Mamikonien, s'étant révolté, chassa les Perses et s'empara du pouvoir par la force.

Le roi Peroz envoya alors contre lui une nombreuse armée de *Huns*[2], et donna l'ordre rigoureux de mettre à mort le rebelle et de passer tous les mâles au fil de l'épée. Le sparapet Vahan, marche en hâte à sa rencontre avec trente mille guerriers d'élite. On range troupe contre troupe, front contre front, et les deux armées se précipitent l'une sur l'autre, au son des trompettes, dans la plaine de Geran.

Le Verbe de Dieu vint au secours des Arméniens; il souleva un vent violent, répandit sur l'armée persane des tourbillons de poussière et l'enveloppa de ténèbres en plein midi. Le carnage fut affreux des deux côtés; il n'y avait plus moyen de reconnaître les cadavres de ceux qui tombaient, de savoir si c'était un Perse ou un Arménien. Cependant les Arméniens prirent le dessus, défirent et massacrèrent l'armée persane, mirent en fuite et poursuivirent les survivants, et remportèrent une grande victoire.

Ce Vahan recueillit les tributs du pays d'Arménie et reconstruisit

[1] 457-484.

[2] Les deux éditions portent : Պերոզ արքայ Հոնաց «Peroz, roi des Huns»; peut-être y a-t-il une faute de copiste, et faut-il corriger en Պերոզ արքայ Պարսից «Peroz, roi de Perse», d'après p. 24, l. 14 et p. 25, l. 8 de l'édition Patk.

les très grandes églises que les Perses avaient détruites à Valaršapat, à Dwin, à Mzraykh et en beaucoup d'autres lieux. Il organisa et restaura le pays.

Peroz, le roi de Perse, voulait envoyer de nouveau des troupes contre l'Arménie: mais il n'en eut pas le temps, car il apprit que des hostilités avaient lieu du côté du pays des Khušans; à cette frontière, le roi des Khušans en personne marchait contre lui avec une puissante armée. Il rassembla donc ses troupes et marcha en toute hâte contre lui. «Je vais d'abord chasser celui-ci», se disait-il; «puis, à mon retour, j'aurai le temps de marcher contre les Arméniens, et mon épée n'épargnera chez eux ni les hommes ni les femmes».

Il partit donc en personne et atteignit rapidement l'ennemi vers l'est. Il y eut une bataille acharnée, dans laquelle les Khušans défirent et écrasèrent la multitude de l'armée persane, si bien qu'il ne put pas échapper un seul fugitif. Le roi Peroz périt[1] dans le combat avec les sept fils [qu'il avait avec lui].

Après lui, son fils Kawat règna sur la Perse[2]; mais comme la puissance de ses armées était brisée, il ne voulut la guerre avec personne et fit la paix avec tous ses voisins. Il fit aussi un accommodement avec les Arméniens, appela Vahan à la Porte, et le combla d'honneurs. Il lui donna le gouvernement de l'Arménie, avec le marzpanat, ainsi que la seigneurie des Mamikoniens, et après avoir reçu serment de pleine soumission, il le renvoya cordialement dans son pays.

Après Vahan, son frère Vard Patrik occupa l'išxanat, mais il mourut au bout de peu de temps. Des marzpans persans lui succédèrent, sans toutefois que les Arméniens pussent engager la guerre : ils restèrent dans l'obéissance jusqu'au temps du marzpan Surên et de Vardan, seigneur des Mamikoniens.

La quarante et unième année du règne de Xosrov[3], fils de

[1] En 484. — [2] Kawat I, 488-531. Sebêos ne mentionne pas Balaš, qui régna quatre ans (484-487). — [3] Khosroës I Anošarvân, 531-578.

Kawat, Vardan se révolta, et, d'accord avec tous les Arméniens, secoua le joug de la royauté persane. Les rebelles tuèrent à l'improviste le marzpan Surên[1] dans la ville de Dwin; ils recueillirent un riche butin et se rangèrent sous la domination des Grecs[2].

Un peu avant ces événements, un nommé Vahan, išxan du pays de Siunie, s'était écarté et séparé des Arméniens. Il demanda à Xosrov[3], roi de Perse, de transporter les archives[4] du pays de Siunie, de Dwin à Phaytakaran et d'ériger cette ville en métropole[5] de l'Atrpatakan, de telle sorte qu'on ne donnât plus aux Siuniens le nom d'Arméniens. Et l'ordre fut exécuté.

L'empereur des Grecs[6] s'engagea par serment[7] vis-à-vis des Arméniens, renouvela l'alliance conclue jadis entre ces deux grands rois, le bienheureux Trdat et Constantin, et envoya à leur secours des troupes impériales, et eux, après avoir reçu ce renfort, marchèrent contre la ville de Dwin, l'assiégèrent, la ruinèrent et chassèrent l'armée persane qui s'y trouvait.

Mais il se produisit tout à coup contre eux[8] un violent tumulte parce qu'ils avaient incendié l'église de saint Grégoire, bâtie près de la ville et transformée par les Perses en magasin. De là contre eux un violent tumulte.

Ensuite, Mihran Mihrewandak vint attaquer Vardan avec une armée de vingt mille hommes et de nombreux éléphants. Une grande bataille eut lieu dans la plaine de Xalamax, et les Arméniens infligèrent une sanglante défaite aux troupes persanes qu'ils

(1) Cf. Tab. Nöld. *s. v.*, p. 437 et s.

(2) En 571.

(3) Xosrov I.

(4) Le *diwan*, c'est-à-dire l'administration, le centre de l'administration.

(5) Cf. Sebêos, éd. Patk., p. 197, *s. v.* *Համհարակ*. Marquart traduit : «und dass er die Stadt zuordne der atrpatakanischen Provinzschatzung» et renvoie, pour l'expression *šahrmar* à Vullers, *s. v.* شهرمار : liber rationum, computatio (*Ērānšahr*, p. 122 et n. 3).

(6) Justin II.

(7) La construction du texte *առ. Հա-յոց [illegible]* est très incorrecte. Il y a quelque corruption du texte dans ce passage.

(8) Contre les Grecs.

passèrent au fil de l'épée[1]; ils prirent en même temps tous les éléphants. Mihran, échappé avec un petit nombre d'hommes, s'en retourna dans son pays.

Ce fut contre ce même Vardan que vint en personne le roi de Perse Xosrov, surnommé Anuš Ṙuan, avec une immense armée et des éléphants en grand nombre. Il prit par le canton d'Artaz, traversa le Bagrewand, passa par la ville de Karin, et, poursuivant son chemin[2], arriva en un lieu[3] où il dressa son camp vis-à-vis de lui[4].

Dès le matin du jour suivant, on se hâta de part et d'autre de ranger troupe contre troupe, front contre front, et la bataille s'engagea. La mêlée fut ardente et l'on se battit avec acharnement. Mais le Seigneur livra à la défaite le roi de Perse et toute son armée. Les Perses furent écrasés par leurs ennemis et mis en une déroute complète : ne connaissant pas les chemins par où ils auraient pu fuir, ils allèrent se fortifier sur les bords du grand fleuve nommé Euphrate. Mais les eaux étant venues à grossir emportèrent la multitude des fuyards comme une nuée de sauterelles; bien peu purent se sauver ce jour-là. Cependant le roi, échappé à grand' peine avec un petit nombre d'hommes, trouva un refuge au milieu de ses éléphants et de sa cavalerie, et s'enfuit à travers la province d'Aɫdznikh jusqu'à sa résidence.

Les vainqueurs s'emparèrent de tout le camp et du trésor royal[5]. Ils prirent la reine des reines et les femmes du roi[6]. Ils

(1) Pour la victoire des Arméniens dans la plaine de Xaɫamax, cf. Jean Catholicos, p. 37 (éd. Émin), et traduction, p. 54. Cf. également Lebeau (Saint-Martin), *op. cit.*, t. X, p. 92, où le général est nommé Deren pour Mihran. Saint-Martin aura probablement pris ce nom de Deren dans l'*Histoire d'Arménie* de Tchamtchian, t. II, p. 286.

(2) Cf. Lebeau, *op. cit.*, t. X, p. 135, l. 2.

(3) Au lieu de *ի տեղի մի*, *en un lieu*, nous proposons de lire : Մելիտինէ [նէ], *à Mélitène*. Dans la note 73 de sa traduction, Patkanian a déjà signalé qu'il s'agit ici de la bataille de Mélitène (576); cf. Lebeau, *op. cit.*, t. X, p. 135-137.

(4) Vis-à-vis de Vardan.

(5) Cf. Jean d'Éphèse, p. 393 de la trad.

(6) Au lieu du second *զբանակին* (texte éd. Patk., p. 27, l. 18), il faudrait, d'après Carrière, lire *զխաթունս* (?), signifiant : *dames* (v. Hübschmann, *Armenische Grammatik*, I. 117).

enlevèrent la tente[1] consacrée au harem royal, et la litière d'or[2], d'un grand poids, ornée de pierres précieuses et de perles, que les Perses appellent la « glorieuse litière »[3]. Fut pris également le hrat[4] que le roi faisait toujours transporter avec lui comme un puissant auxiliaire, qui était réputé plus auguste que tous les autres autels de feu, et que les Perses appelaient Athaš : il fut englouti dans le fleuve avec le movpet des movpets[5] et beaucoup d'autres prisonniers. Dieu soit à jamais béni.

CHAPITRE II.

Anuš Ȝpuan croit en Christ et est baptisé par l'évêque; sa mort. — Règne d'Ormizd. — Vahram bat l'armée des Thétals, puis fait la guerre au roi des Mazguths et le tue. — L'armée de Vahram se révolte contre Xosrov, qui s'enfuit. — Arrivée de Vahram. — Xosrov demande secours à l'empereur Maurice.

Pendant son règne, avant la révolte dont nous venons de parler, Xosrov, surnommé Anuš Ȝpuan, avait affermi la prospérité de ses États, car il était pacifique et gouvernait pour le bien public. Lorsque cette révolte éclata, il entra dans une violente colère, car il se croyait à l'abri de tout reproche. « J'étais, disait-il, le père de tout le pays, et non pas son maître. Je les ai tous traités comme des fils et des amis. Maintenant, ajoutait-il, Dieu leur demandera compte du sang répandu. » Pendant son règne, Xosrov ferma le défilé de Čor et des Aluans; il fit prisonnier le roi d'Eger. Il prit de vive force Antioche de Pisidie[6] et transporta les captifs près de sa

(1) Le texte fautif porte : մանչապերճանն, qu'il faut lire մաշկապերճանն; cf. H. Hübschmann, *Armenische Grammatik*, I, p. 192 et les références.

(2) Cf. *Livre des Rois*, VII, p. 108 : « des litières d'or avec des housses ornées de pierreries royales, etc. ».

(3) Pour l'expression գեղապանծ փառաւոր. cf. le syriaque ܡܥܡܪܬܐ ܕܫܘܒܚܐ, dans Bedjan, *Acta Sanctorum*, etc., t. III, p. 498, l. 10.

(4) Հրատ « bûcher », mot arménien traduisant le persan آتش = աթաշ. Cf. Sebêos, éd. Patk., s. v. Հրատ, p. 197.

(5) Cf. Darmesteter, *Zend Avesta*, I, p. 30 et suiv. sur le Mobed des mobeds.

(6) Erreur due à une réminiscence du Nouveau Testament, Actes, XIII, 14 : յԱնտիոք Պիսիդեայ. Antioche fut prise en juin 540, cf. Tab. Nöld., p. 165, n. 2.

résidence royale, où il bâtit [pour eux?] une ville qu'il nomma Veh Andžatokh Xosrov[1], et qui est également appelée Šahastan d'Okin. Il s'empara encore de Dara et de Callinique, et se saisit même, dans une expédition, des frontières de la Cilicie.

[Xosrov] régna quarante-huit ans. A l'heure de sa mort, la lumière de la Parole divine resplendit autour de lui, car il crut en Christ et parla en ces termes : «Je crois en un seul Dieu, celui qui a créé les cieux et la terre et que les chrétiens font profession de servir, Père, Fils et Saint-Esprit. Il est le seul Dieu, et il n'y en a point d'autre que celui qu'adorent les chrétiens.»

Il ordonna à ses serviteurs d'envoyer pour affaire dans quelque endroit éloigné le chef des mages du palais, écarta les autres de la résidence royale et appela le chef des évêques, qui portait le titre de Eran Kathulikos[2]. Il fut baptisé par lui, ordonna de célébrer l'office divin dans sa chambre, fit lire les oracles de l'évangile du Seigneur et communia en la chair et au sang du Seigneur. Puis il prit congé du catholicos, qui portait l'évangile du Seigneur, et le renvoya[3] chez lui.

Peu de jours après, [Xosrov] s'endormit dans son heureuse vieillesse; les chrétiens levèrent son corps et le déposèrent dans le sépulcre des rois. Son fils Ormizd[4] lui succéda[5].

(1) Après la prise d'Antioche, Xosrov fit construire une ville absolument identique à Antioche, que Tabari nomme : *Rûmîja* (la Romaine). M. Nöldeke propose de l'identifier avec *Onki* (?) ou *Jonki* (?) «la Grecque»; d'après lui, le nom de la ville aurait été *Weh-Antioch-Chosrau*, ce qui explique le *Weh-Andž[at]oq-Chosrō* de Sebêos et le *Antioch-Chesrōn* = ܐܢܛܝܘܟܣܪܘܢ du syriaque dans Land, *Anecd.*, I, 15. Cf. Tab. Nöld., p. 165-166 et les notes, et p. 239; dans ce dernier passage, les habitants d'Antioche sont emmenés à Sawâd, près de Ctésiphon; Tabari rappelle que la ville s'appelle Rûmîja.

(2) C'est-à-dire l'évêque suprême de Perse. Cf. H. Hübschmann, *Armenische Grammatik*, I, p. 39.

(3) արձակեն est évidemment fautif.

(4) Ormizd IV, 578-590.

(5) Le texte est ici coupé par une interpolation renfermant la liste des généraux persans qui envahirent l'Arménie depuis le meurtre de Suren (571) jusqu'à l'avènement de Xosrov II Parwêz. Le texte de cette intercalation est donné dans l'édition Patkanian, p. 29, l. 11 – p. 30, l. 2 et p. 34, l. 7-32. Notre traduction donne ici le morceau en entier.

Voici maintenant les généraux du roi de Perse qui vinrent l'un après l'autre au pays d'Arménie depuis la révolte de Vardan, seigneur des Mamikoniens, fils de Vasak, jusqu'à aujourd'hui. Quelques-uns périrent dans des combats, d'autres furent vaincus[1], d'autres remportèrent la victoire et s'en retournèrent.

L'année même où les Arméniens tuèrent le marzpan Suren[2], vint Vardan Všnasp, qui ne fit rien, resta un an et s'en retourna.

Puis vint Gołon Mihran avec vingt mille hommes armés de toutes pièces et beaucoup d'éléphants[3]. Il avait aussi avec lui de nombreux auxiliaires pris dans la foule des peuples innombrables au milieu desquels habite, dans la région montagneuse du Caucase, la nation des Huns. Il avait reçu du roi l'ordre d'exterminer la population de l'Arménie, de détruire, d'abattre, de raser, en un mot de ruiner sans pitié le pays. A son arrivée, à part ceux qui sauvèrent leur vie en restant en quelque retraite inaccessible des montagnes, et ceux qui se réfugièrent en quelque pays éloigné; la plupart ne purent échapper, car l'ennemi passait au fil de l'épée tous ceux qu'il trouvait. [Gołon Mihran] fit la guerre en Géorgie et fut défait; puis il vint en Arménie et s'empara d'Ankł au moyen d'un faux serment...

Philippe, seigneur de Siunie... [Gołon Mihran?] attaqua la ville de Xałamax[4] et livra bataille dans le canton de Vanand, dans le village d'Uthmus[5]. Dans ces deux occasions il fut défait. Il resta sept ans [en Arménie] et s'en retourna.

Puis vint le roi Xosrov Anuš Ṙuan[6] en personne, qui livra une grande bataille à Mélitène, fut battu et s'en retourna[7].

(1) Nous proposons de lire պարտեցան, au lieu de պատերազմեցան «firent la guerre».

(2) En 571.

(3) Deuxième expédition. Cf. Lebeau, t. X, p. 101 et suiv.

(4) Texte : տեսոր կալաւ մի քաղ. քաղաք և գեղ Խաղամախիս.

(5) Uthmus, cf. Asołik, p. 79. 81. 100. 105.

(6) Nous passons, dans le texte arménien, de la page 30, l. 2, à la page 34, l. 7, éd. Patkanian.

(7) Le sujet de la phrase doit être Xosrov I Anuš Ṙuan, qui fut battu en personne (ինքն, p. 30, l. 1) à Mélitène (576) par Justinien, général de Tibère. Cf. Lebeau, t. X, p. 136 et suiv.

Puis vint Tam Xosrov[1], qui livra deux combats : l'un à Bolorapahak, dans le pays de Basean, au confluent du Murch et de l'Araxe, l'autre à Kathin, dans le Bagrewand. Chaque fois, il remporta une grande victoire. Il resta deux ans et s'en retourna.

Puis vint Varaz[2] Vzur, qui livra bataille dans le canton de Vanand, dans le village d'Uthmus; d'abord repoussé, il finit par vaincre. Il resta un an et s'en retourna.

Puis vint le grand aspet parthew et pahlaw[3], qui livra bataille dans le village de Širak et triompha. Il resta sept ans et s'en retourna.

Puis vint le marzpan Hrahat[4], qui alla à Nisibe[5] porter secours aux siens : ceux-ci, d'abord vaincus, remportèrent ensuite la victoire. A son retour, il livra bataille à Całkadžur, dans le pays des Bznunis, et fut vainqueur. Il resta quatre mois et s'en retourna.

Puis vint le marzpan Hrartin Datan. Depuis lors, les Perses ne purent plus tenir tête aux armées des Grecs. De son temps, Ormizd fut tué[6] et son fils Xosrov monta sur le trône. Il resta deux ans et s'en retourna.

Puis vinrent des *sahmanakals*[7] perses jusqu'à l'expiration de la paix conclue entre les Perses et les Grecs, entre les deux souverains Maurice et Xosrov.

Et ensuite Vəndatakan[8]. Puis Xorakan. Celui-ci fut tué à Gaρni

(1) Ταμχοσρώ bat les Romains en Arménie (577); cf. Lebeau, X, p. 145. Sur Tam (Տամ) «fort, stark», cf. Tab. Nöld., p. 443, n. 1.

(2) Varaz = le sanglier; cf. Tab. Nöld., p. 240, n. 1.

(3) Sur l'identité de *Parthew* et *Pahlaw*, cf. H. Hübschmann, *Armenische Grammatik*, I, p. 63 et suiv., qui donne la date du marzpanat du grand aspet, 581-582. Cf. Hübsch., *op. cit.*, p. 65, n. 1.

(4) Patk. (p. 34) identifie ce marzpan avec فرهاد, Aphraatès; cf. Lebeau, t. X, p. 274-276 et les notes relatives au passage correspondant de Théoph. Simoc., l. 3, c. 5.

(5) Le texte : ի Մրծունին. Cf. J. Marquart, *Ērānšahr*, p. 162.

(6) En 590.

(7) սահմանակալ est la traduction arménienne du mot d'origine iranienne մարզպան «gardien des marches».

(8) Cf. p. 70, l. 15 et suiv. du texte, éd. Patk.

par les troupes perses qui, s'étant révoltées, s'en allèrent dans le pays de Gelum[1]. Puis Merakbut. Puis Yazdên. Puis Butmah. Puis Hoyiman.

... [Ormizd][2]... qui, après avoir fait enchaîner Vndoy, le jeta dans le Gruandakan, tandis que Vstam put s'échapper et s'enfuir; celui-ci souleva en ce temps-là de nombreuses guerres autour de lui[3].

Il y avait en ce temps-là[4] un certain Vahram Merhewandak[5], gouverneur des provinces orientales de la Perse. Il avait battu par sa vaillance l'armée des Thêtals et conquis par les armes Bahl et tout le pays des Khušans, jusqu'au delà du grand fleuve nommé Vehpot[6] et jusqu'à l'endroit nommé Kazbion[7]. Il avait donc dépassé la lance du valeureux spandiat, au sujet de laquelle les Barbares disent : «Parvenu en combattant jusqu'à cet endroit, il y ficha sa lance dans le sol.»

(1) A côté de Գեղում, on a la forme Դեղում, Delum, Delam. Cf. Tab. Nöld., p. 479 et H. Hübschmann, *Arm. Gramm.*, I, p. 34. Les sauvages habitants du Gelum campaient dans les montagnes au sud-ouest de la mer Caspienne.

(2) Nous reprenons ici le récit interrompu dans le texte par l'interpolation concernant les généraux persans. Il y a une lacune dans le texte que nous comblons par le mot : *Ormizd*, qui figure entre parenthèses dans l'éd. Patk., et qui n'est pas mentionné dans l'éd. de Constantinople. Patk., p. 30, l. 2. C'était Ormizd qui avait fait emprisonner Vndoy : cf. Nöldeke, *Skizzen*, p. 122.

(3) Sur Bindoë et Bistâm, cf. Tab. Nöld., p. 273, et Lebeau, X, p. 291 et suiv.

(4) Le texte, fautif, porte : ի ժամանա-կին յայնոսիկ.

(5) Connu aussi sous le nom de Bahram-Tchoubin, originaire de la famille Mihran, descendant des Arsacides. Cf. Theoph. Simoc., III, xviii.

(6) Nom iranien de l'Oxus (*le fleuve glorieux*), وه رود, l'Amou-Dareia d'aujourd'hui; cf. Patkanian, *Journal asiatique*, 1866, I, p. 187, n. 3.

(7) Vahram fut envoyé par Ormizd, avec 12,000 hommes, contre Sâba, roi des Turcs; après plusieurs combats, il le tua d'un coup de flèche (ou de lance?). On attribue à Vahram un traité sur l'art de lancer les flèches. Ce Vahram est devenu le héros de poèmes et de romans persans. Cf. Tab. Nöld., p. 270-272. Tabari ne cite pas de nom approchant de Spandiat; son passage (Tab. Nöld., p. 271) vaut d'être cité : «Nach allerlei Verhandlungen und Kämpfen zwischen beiden Theilen tödtete Bahrâm den Sâba durch einen Pfeilschuss. — Wie man sagt, thaten sich im persischen Reiche 3 Männer durch berühmte Schüsse hervor : man meint damit den Schuss des Arišâtin im Kriege zwischen Manôčihr und Frâsijât, den Schuss des Sôchrâ im Türkenkriege und diesen Schuss des Bahrâm.»

Ce Vahram, ayant alors livré bataille au puissant roi des Mazkhuths qui se trouvait en cette région, de l'autre côté du grand fleuve, battit sa nombreuse armée et tua le roi dans le combat. Il s'empara de tous les trésors de ce royaume et les enleva.

Puis il envoya au roi de Perse, par ses messagers, un rapport annonçant la bonne nouvelle, avec une petite partie de l'immense butin provenant de l'expédition, quelques objets de prix, pour témoigner de sa fidélité au souverain. Quant aux trésors, il les distribua aux troupes, selon les mérites de chacun.

Lorsque le roi Ormizd vit les messagers de la bonne nouvelle, lorsqu'il eut pris connaissance des lettres relatives au bon état de l'armée et qu'il eut reçu les présents, part du butin prélevée sur les précieux trésors du roi [des Mazkhuths], il se montra satisfait [en apparence] et complimenta les porteurs. Mais au fond il était violemment irrité[1] et se disait : « Le souper a été autrement plantureux, je le vois bien aux restes[2]; sur un aussi riche butin, il n'était pas convenable de prélever si peu pour le trésor royal. »

Puis, comme réponse à la lettre de bonne nouvelle, il fit écrire à [Vahram] en termes courroucés et envoya à l'armée des officiers et soldats de sa garde pour recueillir le reste du trésor. Ceux-ci aussitôt arrivés manifestèrent leurs exigences; mais l'armée entière se souleva. Les troupes massacrèrent les envoyés du roi[3], cessèrent de reconnaître l'autorité d'Ormizd, décernèrent la royauté à Vahram et lui prêtèrent serment selon leurs rites. Puis elles s'entendirent pour quitter l'Orient et marcher sur l'Asorestan, afin de mettre à mort leur roi Ormizd, d'anéantir la dynastie sassanide et de faire asseoir Vahram sur le trône. Elles furent bientôt réunies

(1) Nous proposons de lire *բորբոքեալ* (irrité), au lieu de *բարբառեալ*. Cf. le passage parallèle dans : *Histoire universelle*, par Étienne Asolik de Taron, traduite par E. Dulaurier, Paris, 1883, p. 141.

(2) La lecture d'Asolik, qui reproduit Sebêos, p. 115, l. 4 du texte, paraît préférable; lire *զատուածոյս* au lieu de *պատառոյս* (Note de Patkanian).

(3) Au lieu de *Հաւատարիմն*, le résumé d'Asolik, p. 115, porte *փշտիպանն*.

et amenèrent avec elles un grand nombre de vaillantes et belliqueuses nations de l'Orient.

Pendant que la Perse était dans une situation aussi troublée, le patrice Jean et l'armée grecque bloquaient et assiégeaient la ville de Dwin; ils l'attaquaient avec des machines de guerre et étaient sur le point de faire crouler le rempart. Mais dès que ces nouvelles leur parvinrent, ils levèrent le siège et prirent le chemin de l'Atrpatakan. Ils ravagèrent [1] toute la contrée, passant les habitants, hommes et femmes, au fil de l'épée, et rentrèrent dans leur pays avec un riche butin et de nombreux captifs.

Mais lorsque la nouvelle de cette sédition arriva à la Porte des Sassanides et parvint à Ormizd, roi de Perse, une grande terreur l'assiégea. Il convoqua les nobles qui se trouvaient à la Porte royale, l'assemblée de ses officiers et de ses gardes. Il fut résolu qu'on emporterait le trésor du royaume, qu'on emmènerait le personnel de la Porte, et qu'on passerait de l'autre côté du grand fleuve le Tigre par le pont de bateaux qui mène à Veh Kawat [2]. Une fois passés, on couperait les cordages des ponts. Ormizd songeait à se faire protéger par les nombreuses troupes du roi des Tačiks.

Ce ne fut pas ainsi que les choses se passèrent. En effet, les conseillers [3], les officiers et les gardes du roi prirent la résolution de tuer Ormizd et de mettre à sa place son fils Xosrov;... ils décidèrent également de le [4] délivrer, de faire de lui leur chef et de le mettre à la tête de l'entreprise. Et étant allés à la forteresse de Gruandakan [5], ils le [6] délivrèrent et, avec lui, tous les autres prisonniers. Puis ils envoyèrent un messager fidèle monté sur les

(1) *յաւարեցին*.

(2) Veh Kawat paraît être Séleucie, restaurée par Kawat, sur la rive droite du Tigre, en face de Ctésiphon. Cf. Patkanian, *Journal asiatique*, 1866, I, p. 188.

(3) Littéralement : *les hommes de la pensée*.

(4) Il y a probablement une lacune dans le texte. Il ne peut être question ici que de Vndoy, comme le fait remarquer Patkanian, p. 32, note 1, de son édition.

(5) «Prison située dans Ctésiphon, où l'on enfermait les criminels politiques». Cf. Patkan., *Journal asiatique*, 1866, I, p. 189.

(6) Vndoy.

chevaux les plus rapides avec une lettre pour son frère Vstam, lui demandant de se rendre au plus vite sur le théâtre des événements. Il ne tarda pas à arriver.

Tous les grands, les chefs de l'armée, les troupes qui se trouvaient en ce moment [à Tizbon], se rassemblèrent dans la salle royale; puis ils pénétrèrent dans la chambre du roi, s'emparèrent d'Ormizd, lui crevèrent aussitôt les yeux et ensuite le tuèrent. Ils proclamèrent roi de Perse son fils [Xosrov][1] et commencèrent à préparer la fuite de l'autre côté du grand fleuve du Tigre. Peu de jours après, Vahram arriva, aussi rapide que l'aigle qui fond sur sa proie.

Comme Xosrov, au moment de son avènement au trône, était encore tout jeune, ses deux oncles maternels, Vndoy et Vstam, le prirent et passèrent de l'autre côté du grand fleuve du Tigre par le pont de bateaux; ils coupèrent ensuite les cordages qui retenaient le pont. A son arrivée, Vahram prit possession de toute la maison, du trésor et des femmes du roi et s'assit sur le trône. Puis il ordonna de former des radeaux en liant ensemble des pièces de bois, et traversa le fleuve pour s'emparer de Xosrov. Mais la crainte avait empêché ce dernier de demeurer. Aussitôt qu'ils eurent passé, lui et les siens continuèrent de fuir, se demandant en chemin ce qu'il y avait de mieux à faire, d'aller trouver le roi des Tačiks ou de se rendre auprès de l'empereur des Grecs.

Enfin, ils jugèrent préférable de chercher leur appui auprès de l'empereur de Grèce. «Bien qu'il y ait de l'hostilité entre nous, se dirent-ils, cependant ils sont chrétiens et miséricordieux; et lorsque les chrétiens prêtent un serment, ils ne peuvent pas se parjurer». Ils s'en allèrent donc tout droit vers l'occident et arrivèrent à la ville de Xalab, où ils s'arrêtèrent.

[Vahram], tout en ayant franchi le fleuve, ne put donc atteindre [Xosrov]; et il retourna à Tizbon.

[1] Avènement de Xosrov II Parwêz (590).

Le roi Xosrov envoya alors à l'empereur Maurice des personnages de haut rang avec des présents, et lui écrivit[1] en ces termes : « Rends-moi le trône et l'empire de mes pères[2] et de mes ancêtres; envoie à mon secours une armée avec laquelle je puisse battre mon ennemi; rétablis mon autorité, et je serai pour toi un fils. Je te céderai : le pays de Syrie, tout l'Aruastan jusqu'à la ville de Nisibe; du pays d'Arménie, le territoire et la principauté Tanuterakan, jusqu'à l'Ararat et à la ville de Dwin, jusqu'au bord de la mer des Bznunis et à l'Apestawan; et aussi la plus grande partie de la Géorgie jusqu'à la ville de Tphxis. Nous conclurons un traité de paix qui durera jusqu'à la mort de chacun de nous, et le serment solennel que nous aurons prêté liera aussi nos fils qui régneront après nous. »

L'empereur convoqua aussitôt tout les sénateurs pour leur demander leur avis et leur dit : « Les Perses ont tué leur roi Ormizd et ont mis son fils à sa place. Mais les armées du royaume ont proclamé dans les provinces orientales un autre roi qui est venu avec des troupes nombreuses et s'est emparé du pouvoir. Quant au jeune fils d'Ormizd, il est arrivé chez nous en fugitif; il demande le secours de nos troupes, et promet de nous accorder telles et telles choses. Maintenant, que faire? Allons-nous accepter? Faut-il ou non accepter? » Les sénateurs répondirent : « Il ne faut pas accepter, car les Perses sont une nation sans foi ni loi; dans la détresse ils font des promesses et une fois sortis d'embarras ils se parjurent. Ils nous ont fait beaucoup de mal. Qu'ils se détruisent les uns les autres, et nous serons tranquilles. »

Cependant le roi Xosrov se trouvait en grand danger. Il voyait la mort devant lui, car il s'était tiré de la gueule du lion pour tomber entre les mains d'ennemis auxquels il ne pouvait échapper.

Mais l'empereur ne tint pas compte de l'avis des sénateurs. Il envoya lui-même son gendre Philipikos porter à Xosrov une

[1] Théoph. Simoc., l. IV, 11, donne une tout autre lettre de Xosrov. — [2] Au lieu de *հարց*, *pères*, il faut probablement lire *հայոց*, *Arméniens*. Cf. éd. de Patk., p. 33, n. 1.

réponse favorable[1]; il reçut son serment et envoya à son aide une armée impériale, le patrice Jean[2], du pays d'Arménie, et le général Nersês, de la Syrie, [et le vaillant Mušeł][3]; et leurs troupes, qui, passées en revue, s'élevaient à trois mille cavaliers, par centaines, milliers et légions, selon leurs étendards[4].

Or, comme la mère de Šapuh était fille de cet asparapet, chef de la maison des Parthes, qui étaient morts[5], et sœur de Vndoy et de Vstam; et que Vndoy était lui-même un homme sage et prudent, valeureux ainsi que je l'ai dit...[6].

(1) Cf. Lebeau, X, p. 229.

(2) Jean Mystacon de Lebeau, X, p. 229 et 314.

(3) Nous croyons devoir ajouter : *et le vaillant Mušel,* d'après Thomas Arcruni, p. 86, l. 11; sans quoi la suite ne se comprendrait pas (Patkanian).

(4) La suite du récit est interrompue par un tout autre ordre d'idées. Le récit semble se continuer dans le texte (éd. Patk.), p. 36, l. 24.

(5) Le texte porte bien le pluriel; mais le singulier semble ici nécessaire : c'est l'asparapet *qui était mort.* Le texte est trop mutilé pour qu'on songe à le reconstituer.

(6) La phrase est inachevée; il y a manifestement une lacune. Les paragraphes qui suivent cette phrase font partie de la liste des généraux persans qui envahirent l'Arménie, et font suite dans le texte à p. 30, l. 2, et dans notre traduction, p. 8 et suiv.

LIVRE CHRONOLOGIQUE.

HISTOIRE ROYALE.

Récit héroïque[1], invasion universelle, brigandage sassanide dans la personne d'Apruêz Xosrov, qui enflamma et incendia tout l'intérieur, ébranlant la mer et la terre, pour provoquer la ruine sur l'univers entier.

Et maintenant, racontant ce qui s'est passé sur la terre, je vais dire les événements relatifs à sa destruction, l'éveil de l'indignation d'en haut, et de la colère enflammée en bas, le ruissellement torrentueux du feu et du sang, les incursions des brigands, l'invasion meurtrière, les clameurs des démons et les cris des dragons, des races de mages et des hommes issus des géants, des braves tout armés, des cavaliers [s'élançant] de l'orient vers l'occident, du nord vers le sud; et ceux du sud s'éveillant avec une grande fureur, s'attaquant les uns les autres; l'accomplissement des ordres du Seigneur irrité sur toute la terre; les hommes du sud, comme un vent de tempête, s'envolent, faisant rage, s'élancent pour détruire tout ce qui se trouvait en bas, pour ravager les montagnes et les collines, déchirer les plaines et briser les rochers et les pierres sous les sabots de leurs chevaux : maintenant, je raconterai l'histoire du destructeur et dévastateur Xosrov, maudit par Dieu.

CHAPITRE III.

Vahram marche contre Xosrov. – Deux lettres à Mušel, qui reste fidèle à Xosrov. – Grand combat. – Défaite des révoltés. — Ingratitude de Xosrov envers Mušel : celui-ci conçoit alors le projet de tuer le roi; il écrit avec les généraux grecs une lettre accusatrice à l'empereur. – Mécontentement de l'empereur à ce sujet : lettre aux généraux et à Xosrov. – Renvoi de l'armée grecque. – Mušel est mandé par l'empereur au Palais.

Après la mort de Xosrov, fils de Kawat, Ormizd, son fils, devint roi de Perse. Sa mère, femme de Xosrov, son père[2], était fille du

[1] արիական signifie également «iranien».

[2] Ce passage est difficile à traduire à cause du peu de certitude que présente

IMPRIMERIE NATIONALE.

grand Xakhan, roi des Thètals, et se nommait Kayên. Bien qu'il eût hérité de son père un caractère hautain, il tenait du côté de sa mère plus d'orgueil encore et de férocité [1].

En effet, il extermina, dans le royaume de Perse, tous les grands, les chefs des vieilles maisons nobles. Il fit mourir le grand asparapet parthew et pahlaw, qui descendait de cet Anak [2] le meurtrier dont un fils, arraché par ses nourrices à la fureur des soldats de Xosrov, roi d'Arménie, avait été apporté par elles à la Porte royale, dans le pays des Perses : le roi lui accorda tout ce qu'il avait promis à son père Anak, lui rendit ce qui appartenait [3] primitivement aux Parthes et aux Pahlawiens, lui fit ceindre une couronne, le combla d'honneurs et lui donna la seconde place dans son royaume.

Ce sparapet avait deux fils, dont le premier se nommait Vndoy, le second Vstam [4].

Ils [5] réunirent, pour entrer en campagne, toutes les troupes du pays d'Arménie qui se trouvaient alors disponibles, et les passèrent en revue; c'étaient les troupes de tous les naxarars, et elles formaient environ quinze mille hommes, par centaines,

le texte: Հաւր սորա անուն Կայէն est probablement une glose; de plus, on pourrait lire մաւր au lieu de Հաւր et comprendre : le nom de sa mère [était] Kayên. Cf. Tab. Nöld., p. 104, 167, 252 et 264. La mère d'Ormizd était «die Tochter des Châkân und der Châtûn» (Tab. Nöld., p. 252); Châtûn est le nom de la reine chez les Turcs et les habitants de la Haute Asie (Tab. Nöld, p. 104, n. 2); Vahram fit de la Châtûn, femme du Châkân, une servante du temple (Tab. Nöld., p. 104). D'après Mas., II, 211, Nöld. (p. 264, n. 4) propose de lire *Qâqin*, comme nom de la mère d'Ormizd. Cf. également Patkanian, *Journal asiatique*, 1866, I, p. 189.

(1) Un portrait analogue d'Ormizd nous est fourni par Tabari dans Tab. Nöld., p. 267 : «Wie man sagt, war Hormizd siegreich und ruhmvoll, erlangte alles, wonach er seine Hand ausstreckte, war dazu feingebildet, aber schlau, boshaft und in seinem Naturell den Türken ähnlich, von welchen er durch seine Mutter abstammte.»

(2) Anak était de la famille Suren Pahlaw. Cf. Xoren., II, 74.

(3) Le texte porte փախուցեալ, qu'il faut probablement lire զարմուցեալ.

(4) La suite de cette phrase a été donnée plus haut, p. 16, «Or, comme la mère de Šapuh était fille de cet asparapet...», p. 34, l. 4 du texte, éd. Patk.

(5) Ce passage fait suite à p. 34, l. 3 du texte, éd. Patk., et p. 16 de notre traduction, où il est question de troupes passées en revue.

milliers et légions, rangés suivant leurs enseignes. Tous étaient des guerriers d'élite, complètement armés; enflammés d'ardeur, qui ne craignaient rien et ne tournaient jamais le dos. Leur face était pareille à celle des lions; la légèreté et la rapidité de leurs pieds egalaient celles des chevreuils courant dans les plaines. Ils se mirent en route avec docilité et en toute obéissance.

Le révolté mihranien réunit aussi ses troupes, ses éléphants et tous les trésors royaux; il se mit en route et arriva dans l'Atrpatakan. Les deux armées campèrent à peu de distance l'une de l'autre, dans le canton de Vararat.

Vahram écrivit alors à Mušeł et aux autres naxarars arméniens une lettre conçue en ces termes :

«Je croyais qu'en me voyant combattre vos ennemis, vous, de votre côté, vous viendriez à mon aide et que nous pourrions supprimer, en réunissant nos efforts, ce fléau de l'univers, la maison de Sassan. Or, voici que vous avez pris les armes pour marcher contre moi et porter secours à Xosrov. Quant à moi, je ne craindrai pas les vétérans romains qui sont venus pour m'attaquer. Mais vous, Arméniens, qui montrez si mal à propos votre fidélité à votre maître, n'est-ce point la maison des Sassanides qui a dévasté votre pays et mis fin à votre indépendance? Ou bien, pourquoi vos pères se sont-ils soulevés contre eux, pourquoi ont-ils secoué leur joug et combattu jusqu'à ce jour pour votre pays? Et maintenant il marche contre moi pour détruire le fruit de tant d'efforts! En effet, si Xosrov est vainqueur, lui et l'empereur [1] s'uniront pour vous anéantir. Mais s'il vous semble bon de vous écarter d'eux, de vous unir à moi et de me tendre la main en me secourant, au cas où je serais victorieux, je jure par le grand dieu Aramazd, par le Seigneur Soleil et par la Lune, par le Feu et par l'Eau, par Mihr et par tous les dieux, que je vous donnerai le royaume d'Arménie.

[1] Mot à mot : «ces deux-ci».

Vous prendrez pour roi qui vous voudrez. Je vous laisserai tout le pays d'Arménie jusqu'au Caucase et à la Porte des Aluans; et du côté de la Syrie, l'Aruastan[1] et le nouveau Širakan, jusqu'aux confins des Taċiks, car [ces pays] vous ont appartenu, dès le temps de vos aïeux; et à l'occident jusqu'à Césarée de Cappadoce. De mon côté, je ne me permettrai pas de franchir l'Arasp[2]; et le trésor du royaume des Iraniens sera considéré comme suffisant pour moi et pour vous; il vous suffira jusqu'à l'établissement de votre royaume.»

Selon l'usage iranien, du sel fut empaqueté et scellé avec le message.

Quand les [chefs Arméniens] eurent reçu le message et l'eurent lu, ils ne répondirent pas et n'en parlèrent qu'à peu d'entre eux, de peur de provoquer un désaccord.

Alors [Vahram écrit][3] une seconde lettre : «Je vous ai écrit de ne pas demeurer avec eux, car ce pays et les trésors de ce royaume sont suffisants pour vous et pour moi; mais vous ne voulez pas m'écouter, puisque vous n'avez pas répondu à mes paroles; je vous en ferai repentir, dit-il; demain même je vous montrerai des éléphants harnachés et, montée sur ceux-ci, une armée de soldats braves complétement armés, qui feront pleuvoir sur vous des javelots en fer lancés avec la main et des traits en acier trempé, avec des flèches lancées par des arcs fortement tendus, des hommes jeunes, vigoureux, armés de toutes pièces, ainsi que des chevaux arabes rapides, des haches et des épées en acier trempé, des coups tant qu'il en faudra pour Xosrov et pour vous.»

(1) Thom. Arcruni et la traduction russe ajoutent զՄծբին; l'édition de Constantinople, զՄրծունին.

(2) Le texte d'Arcruni porte Արասխ = Arasx; il s'agit probablement de l'Araxe, Երասխ = Erasx, qui prend sa source dans les montagnes du Bing-Gueul, traverse l'Arménie et se jette dans le Kur ou Cyrus. Cf. Saint-Martin, *Mémoires*..., I, p. 38-39, et Langlois, *Collection*..., t. I, p. 20.

(3) Le texte porte Եւ ապա գրեն... «et alors ils écrivent...», qui ne se comprend pas.

Mušeł lui répond : « Il en est ce qu'il plaît à la miséricorde de Dieu[1]; il a donné à qui il a voulu; c'est de toi-même que tu devrais avoir pitié et non de nous; je te sais fanfaron et ce n'est pas sur Dieu que tu comptes, mais sur la bravoure et sur la force de tes éléphants. Je t'assure que, si Dieu le veut, demain[2], une guerre de braves[3] t'enveloppera; ils fondront sur toi et sur la multitude de tes éléphants, comme les nuages du ciel, plus terribles que tout. D'en haut se rueront sur toi, éclatant et flamboyant terriblement, des héros armés, [montés] sur des chevaux blancs et [armés] de lances puissantes. Ils passent à travers la foule comme les éclairs [sillonnent] les forêts vertes [ou] desséchées par le feu de la foudre qui tombe du ciel sur la terre et consume les broussailles des plaines. Car, si Dieu le veut, un vent violent emportera ta puissance comme la poussière et le trésor royal reviendra au roi. »

Avec lui étaient ce Vndoy et Vstam, que j'ai mentionnés plus haut, et environ huit mille cavaliers persans. Le lendemain matin, lorsque le soleil commença à poindre, ils se rangèrent front contre front et se ruèrent les uns sur les autres. Une mêlée violente se fit et un massacre terrible eut lieu dans ce remous. Le combat dura du matin jusqu'au soir, et harassa les hommes des deux partis.

Le carnage fut tel que d'énormes ruisseaux de sang coururent et arrosèrent tout le champ de bataille; l'armée des révoltés ne put tenir et prit la fuite devant l'armée grecque; celle-ci, jusqu'à la nuit noire, les poursuivit et les dispersa, [semant] de cadavres les plaines et les routes; ils en exterminèrent beaucoup avec leurs épées; ils en firent prisonniers beaucoup d'autres et, leur ayant attaché les mains derrière le dos, ils les conduisirent devant le roi.

(1) Le texte primitif devait porter *թագաւորութիւն մարդկան*, ou plutôt *մարդկան թագաւորութիւն*. Cf. Dan. (armén.), IV, 14, 29 : (hébr.) IV, 17, 32, et Arer. (Sebêos, éd. Patk.), p. 156, l. 9.

(2) Le texte de Thom. Arcruni précise davantage : *քանզի վաղիւ առաւօտուն* « car demain matin. . . ».

(3) *Քաջք* est aussi employé pour désigner les génies tutélaires.

Les nombreux éléphants couraient furieusement; les nobles perçaient de bas en haut ceux qui étaient montés sur le dos des éléphants et se battaient intrépidement. Ils exterminèrent une grande quantité d'éléphants, de cavaliers, ainsi que les cornaks; ils mirent en déroute les hommes et leurs éléphants et vinrent les amener devant le roi.

Puis ils se dirigèrent vers le camp de l'armée de Vahram; il y avait sous la tente le trésor royal et tous les trésors du royaume, innombrables et précieux; ils les pillèrent tous et réduisirent en pièces, avec leurs épées, les nombreux sièges d'or d'un travail magnifique et varié; ils s'en allèrent de différents côtés, phalange par phalange, avec beaucoup de chameaux et de mulets chargés de fardeaux; et tous furent comblés d'un butin aussi riche qu'abondant.

Ensuite, les soldats persans réunirent la partie du trésor qui avait échappé au pillage et la remirent à l'administration royale; ce jour-là, le roi Xosrov, grâce à cette victoire, devint plus fort que tous ses ennemis. Et son trône fut affermi.

Il ordonna de dévêtir les nombreux prisonniers montés sur des chevaux et sur des éléphants, de leur attacher les mains sur les épaules et de les faire piétiner par les éléphants; nulle part on ne put retrouver les traces de Vahram, car il s'était sauvé et s'était enfui; il tomba à Bahl Šahastan et y fut tué par ceux-ci [les gens du pays?] sur l'ordre de Xosrov.

Quelques jours après cette grande bataille, tandis que le roi Xosrov était assis sous sa tente et que les soldats persans étaient campés autour de lui, les soldats grecs [se trouvaient] éloignés d'eux d'une étape, campés séparément en une troupe nombreuse, avec leur énorme butin; tous les grands de la cour se tenaient devant le roi.

Le roi se mit à parler et dit : «A-t-il jamais existé un roi au monde qui, ayant pu saisir un autre roi, son ennemi et le dévastateur de son royaume, ne l'ait pas tué et n'ait pas détruit tous les mâles de son pays, mais l'ait adopté, lui ait ceint la couronne et l'ait revêtu de pourpre, ait chassé ses ennemis, l'ait rétabli sur son trône et, lui faisant un trésor royal de son propre trésor, lui ait permis de suivre en paix sa voie ? Telles sont pourtant les faveurs que m'a accordées le roi Maurice, un père pour moi, [faveurs] que personne, parmi les hommes, ne peut accorder à un fils chéri. » Quelques-uns des grands firent la réponse suivante : « Sire, vis à jamais; nous ne savons pas s'il convient de témoigner de la reconnaissance ou non, car un royaume ne subsiste que par son trésor; les Grecs ont pillé tous les trésors de la couronne. »

Le roi répondit : « Les trésors de ma couronne, je les arracherai à leurs flancs avec ceux qu'ils ont amassés, car tout cela m'appartient; mais, ce qui m'inquiète, c'est que le traître se soit sauvé et ait échappé; il est brave, et il peut rassembler, une fois encore, une armée avec les braves nations d'Orient. »

Ils lui répondirent : « Ce sont eux qui ont sauvé ce rebelle, car nous avons vu de nos propres yeux Mušel Mamikonien le saisir, lui donner un cheval et un équipement et le laisser aller. » Ils parlaient ainsi, parce qu'ils lui voulaient du mal. En voyant[1] ses... (?) cruels, leurs cœurs épouvantés se détournèrent de lui. Le roi, jeune et inexpérimenté, ne s'en aperçut pas. Il ne se rappela pas la révolte de ses soldats, mais fixa son esprit sur ses paroles de mensonge et dit : « Qu'on mande ici Mušel, qu'on lui lie les pieds et les mains jusqu'à ce que j'instruise l'empereur à son sujet ».

A la même heure il ordonne d'écrire un message et il envoie un de ses courriers à Mušel : « Viens de suite, disait-il; il arrive une affaire très importante. » Puis il donna l'ordre suivant à ses aides de camp : « Lorsqu'il sera venu et que je vous ferai signe avec la main, soyez prêts à lui mettre les mains derrière le dos avant qu'il ne s'y attende et à les attacher; mais tenez-vous prêts, car c'est un brave, et il pourrait ou être tué ou me tuer; si c'est lui qui est tué, j'en serai responsable moi-même vis-à-vis de l'empereur. » Il donna

[1] La phrase քանզի տեսանելով [illegible]... (éd. Patk., p. 41, l. 7) est franchement inintelligible.

les mêmes instructions aux huissiers et dit : «Mušeł arrivera à la porte de ma tente, prenez bien soin de lui détacher sa ceinture et son épée en disant qu'il n'est pas d'usage de se présenter en armes devant le roi.»

Or tandis que [Mušeł] passait en revue ses soldats, pour se rendre compte du nombre des vivants et de celui des hommes qui avaient succombé dans la guerre, le courrier vint se présenter devant lui et lui dit : «Salut», en lui tendant la lettre. Mušeł le prit et demanda : «Est-ce un salut de paix?» Le courrier répondit : «Un salut de paix, et je ne sais rien, sinon qu'on m'a ordonné de te mander immédiatement». De suite, il se prépara comme pour un combat; il pensait en effet que peut-être il y avait une bataille, ou qu'il allait recevoir comme faveur un cadeau pour prix de sa peine. Il prend avec lui deux mille hommes armés tant nobles que non nobles, ceux qu'il considérait comme méritant des honneurs et qu'il connaissait pour de bons cavaliers.

On avait aussi écrit à son sujet au patrice Jean, pour qu'il le fît partir; celui-ci lui donna donc aussi l'ordre de se rendre près du roi tout équipé et il commanda à tous de se revêtir de leurs armes [1]; ils se préparèrent et se mirent en route.

Lorsqu'ils furent entrés dans le camp et qu'ils furent près du maškaperčan [2] royal, on leur fit dire de ne pas s'avancer en si grand nombre; [Mušeł] devait laisser à distance [ses hommes] et ne venir se présenter devant le roi qu'avec peu de monde.

Il ne s'y prêta pas et se rendit avec tous ses soldats près de la porte de la tente royale; les soldats persans se tenaient autour de la tente, complètement armés; [Mušeł] descendit de son cheval et alla à la porte de la tente avec quarante hommes. Les soldats restèrent armés, chacun sur son cheval. Le roi fut épouvanté, ainsi que tous ses soldats; mais ils masquèrent leur perfidie. Lorsque [Mušeł]

(1) ...արկաւ և ինքն զամենայն զպատերազմութիւն, omis par suite d'homaioteleuton dans l'éd. de Patkanian; cf. le passage parallèle dans l'éd. de Constantinople.

(2) La tente du roi de Perse; cf. H. Hübschmann, *Arm. Gramm.*, I, p. 192.

arriva devant la porte de la tente, les huissiers s'approchèrent de lui et lui dirent : « Dénoue ta ceinture et ton épée, quitte toutes tes armes, car il n'est pas d'usage d'entrer devant le roi [avec des armes] ». Le soupçon entra dans son cœur et il avisa au moyen de se sauver. Il répondit aux huissiers en ces termes : « Dès mon enfance j'ai été élevé avec des rois, comme mes ancêtres et mes aïeux ; maintenant je suis venu à la porte royale, au lieu de la solennité, et je dois quitter toutes mes armes, dénouer mon baudrier et ma ceinture, alors que je ne [les] dénoue même pas chez moi pour me divertir ! Ai-je besoin d'apprendre à connaître la méchanceté des Perses ? » Il ordonna à l'un des pages de courir et d'appeler les soldats à son secours. Et lui se retourna pour s'en aller.

On informa le roi que [Mušeł] ne voulait pas entrer ainsi, mais qu'il s'était retourné et était parti. Le roi dissimula sa méchanceté et dit : « Abandonnons maintenant ce dessein ; qu'il vienne comme il voudra ». Il était jeune et la puissance de son armée était petite et limitée. On rappela [Mušeł] et on lui dit : « Il a ordonné de te faire entrer comme tu voudrais. » [Mušeł] revint en arrière et dit : « Voyons quelle faveur veut m'accorder le roi des rois. »

[Mušeł] entra dans la tente du roi avec sept personnes, se prosterna, baisa la terre [devant] le roi et se releva. Le roi ne lui tendit pas la main, comme auparavant[1], pour l'accueillir et le saluer ; mais il avait une attitude hostile, ils restèrent ainsi en une attitude d'hostilité.

Le roi prit peur, hésita, et ne parvint pas à donner l'ordre qu'il avait projeté ; la crainte l'empêcha de prononcer [un mot], grand ou petit. [Mušeł] sortit immédiatement de la tente ; on lui présenta son cheval ; il monta et partit. A cette vue, le roi fut pris d'une grande crainte et voulut réparer son tort ; il se leva de son trône et courut à la porte de la tente, sortit et envoya après [Mušeł] un de ses principaux naxarars, [le chargeant de lui porter] du sel

[1] Mot à mot : *comme hier et avant-hier*, correspondant à l'hébraïsme כִּתְמוֹל שִׁלְשׁוֹם ; cf. Genèse, XXXI, 2.

cacheté [en signe de] serment, de le rappeler et de lui dire : « Ne pars qu'avec les honneurs et égards qu'il faut; ne crois pas que l'on songe ici à autre chose à ton égard. »

[Mušel] ne voulut pas [revenir] et poursuivit sa route. Or il songeait à marcher contre la tente et à le tuer (Xosrov?); et il donne des ordres en ce sens à sa troupe qui entourait la tente. Mais sa troupe revint à la raison, calma le trouble de sa pensée et partit [1].

Comme ils allaient, ils rencontrèrent un des gardes du corps du roi; ils se saisirent de lui et le prirent avec eux. Mušel le menaça, lui jurant de le tuer s'il ne lui racontait le complot qu'on avait forgé contre lui.

[L'aide de camp] fit jurer [Mušel] qu'il ne le livrerait pas aux mains du roi et lui raconta tout. Le lendemain matin [Mušel] se rendit à la porte du patrice Jean; il le vit et lui dit tout les mauvais desseins, ayant devant lui l'aide de camp qui répéta les paroles prononcées. Les princes et toute l'armée furent troublés. Mais se rappelant le serment et le trouble de l'empereur, ils ne divulguèrent pas ces paroles. Ils dirent d'écrire au roi et de lui faire connaître tout le complot. Mušet dit devant tout le monde : « Si cet homme-là n'est pas tué, il fera périr tout l'empire romain. »

Alors ils préparèrent un riche cadeau, part du butin de leur souverain : des couronnes et une mitre sertie d'émeraudes et de perles, de l'or et de l'argent en grande quantité, des pierres précieuses rares, des habits d'apparat de la garde-robe du roi de Perse, des chevaux royaux, avec le harnachement royal.

Après avoir préparé ces présents, ils [les] envoient avec un message de bonne nouvelle, contenant également l'[acte d'] accusation

[1] Passage très obscur : le նոցա de արդ. նա խորհեալ նոցա զայս ne semble avoir aucun sens; le վասն զի, par où commence la dernière phrase de l'alinéa, n'est pas non plus traduit ci-dessus.

contre Xosrov; et ils font accompagner le présent par quatre cents cavaliers. Xosrov en est informé. «On a donné à emporter de tes trésors un trésor comme part de butin de leur roi, et ils ont écrit à ton sujet une [lettre d'] accusation.» Xosrov sursauta irrité et envoya derrière Mušel des soldats pour qu'ils le rejoignissent en route et le fissent périr subitement et secrètement, et que, reprenant le trésor royal, ils le lui fissent parvenir immédiatement. Les princes grecs, instruits également de ces choses, envoyèrent après eux des troupes plus fortes, qui, aussitôt arrivées, n'en laissèrent aucun vivant. Le fait ne fut pas ébruité; et ils firent parvenir heureusement au Palais les troupes qu'ils conduisaient.

Le roi reçut les présents et envoya une mission avec beaucoup de remerciements par l'intermédiaire d'un ambassadeur; il leur écrivit d'abandonner le dessein d'accuser [le roi de Perse]: «Si vous ne prenez pas garde à sa personne, vous en répondrez». Il écrivit aussi au roi de donner satisfaction à tout le monde.

Alors le roi Xosrov fit des cadeaux suivant la mesure qui convenait à chacun, et il les congédia. Puis, partant de l'Atrpatakan, il se rendit dans l'Asorestan, dans sa propre demeure royale; il s'affermit sur son trône; puis [1] il remit à l'empereur ce qu'il lui avait promis : il donna l'Aruastan tout entier jusqu'à Nisibe; la partie de l'Arménie qui était sous sa domination; la maison Tanuteraka jusqu'au fleuve Hurazdan et le district de Kotekh jusqu'au bourg de Gaρni et jusqu'au bord de la mer des Bznunis; l'Aρestawan et jusqu'au district de Gogovit, jusqu'à Hachiwn et à Maku; la région du régiment de Vaspurakan était au service du roi des Perses; parmi les naxarars d'Arménie, beaucoup étaient du côté des Grecs et quelques-uns seulement du côté des Perses. Il donna aussi la plus grande partie de la Géorgie jusqu'à la ville de Tiflis. Quant à Mušel l'empereur l'appela au palais, et il ne revit plus sa patrie.

[1] Ce passage, jusqu'au mot *Tiflis*, a été traduit par M. Gelzer, *Georgius Cyprius*, praef., p. 51.

CHAPITRE IV.

Piété de la reine Širin, femme chétienne du roi Xosrov; — décret de Xosrov.

[Xosrov] avait plusieurs femmes, selon la loi des mages qui était la sienne; il prit pour femmes des chrétiennes; une femme chrétienne, nommée Širin, très belle, originaire du Xužastan, était la reine des reines; elle bâtit un couvent et une église près de la résidence royale, et elle y établit des prêtres et des serviteurs ecclésiastiques; elle leur assigna sur le trésor royal des salaires et des frais d'entretien et les orna d'or et d'argent. Elle prêchait l'évangile du royaume [des cieux] dans le palais royal, avec hardiesse et la tête haute; et aucun mazdéen, pas même les grands, n'osait ouvrir la bouche ni dire quoi que ce fût contre un chrétien.

[Mais dans la suite, lorsque les jours furent accomplis et qu'on fut arrivé à l'achèvement du temps, beaucoup de mages, qui s'étaient faits chrétiens, subirent le martyre en plusieurs endroits][1].

[Xosrov] donna l'ordre suivant : « Qu'aucun infidèle ne se fasse chrétien et qu'aucun chrétien ne devienne infidèle; chacun doit demeurer ferme dans la loi de ses pères. Quiconque ne tiendra pas à la religion de ses pères et s'insurgera contre les lois de ses pères, mourra[2]. » A la grande fête des Rameaux[3], ceux qui venaient du monastère de Širin et les autres chrétiens allaient à la porte de la chambre du roi, lisaient l'Évangile en cérémonie, recevaient des cadeaux du roi et s'en retournaient. Et personne n'osait leur rien dire[4].

(1) Cet alinéa est évidemment interpolé; le récit est incohérent.

(2) Il y a une nuance dans le récit parallèle de Tabari (Tab. Nöld., p. 287-288) : « Wie man sagt, stellte Parwêz den Christen ein Schreiben aus, worin er ihnen erlaubte, dass sie ihre Kirchen herstellten und dass zu ihrer Religion übergehn könnte, wer da wolle, mit Ausnahme der Magier. » Les apostats du mazdéisme étaient, en général, punis de mort.

(3) Sur l'origine du mot arménien désignant le dimanche des Rameaux, [illegible] = εὐλογημένη, cf. Sebêos, éd. Patk., p. 198, *s. v.*, et H. Hübschmann, *Arm. Gramm.*, I, p. 368.

(4) Sur le rôle de Širin dans la légende et les traditions populaires, voir entre autres le conte : *Mâle ou femelle*, dans *Les Mille nuits et une nuit*, trad. Mardrus, t. VII, p. 195 et suiv.

CHAPITRE V.

L'empereur Maurice demande au roi Xosrov le corps de Daniel.

Vers ce temps-là, l'empereur grec demanda au roi de Perse le corps de ce mort qui était conservé à Šawš, dans un bassin de cuivre déposé au trésor royal[1], que les Perses nommaient Kaw Xosrov et que les chrétiens disaient être le corps du prophète Daniel. Le roi Xosrov ordonna d'accéder à cette demande. Mais la reine Širin en ressentit une vive douleur, et, comme elle ne pouvait faire revenir le roi sur sa décision, elle invita tous les chrétiens du pays à implorer le Christ par des jeûnes et des prières, pour qu'une telle source de grâces ne leur fût point enlevée.

Tous donc, réunis en cet endroit, adressaient au Christ leurs plus ardentes prières et le suppliaient, en mêlant à leurs larmes des cris et des gémissements, d'empêcher la chose. Cependant on amène des mulets, on charge le corps sur une voiture royale[2] et l'on part. Mais à peine l'escorte a-t-elle franchi les portes de Šawš que tarissent les sources qui jaillissaient au milieu de la ville et se répandaient au dehors. Toute la population suivait, en faisant entendre des clameurs et des lamentations.

(1) D'après Tabari, le cercueil et le corps de Daniel se trouvent dans une forteresse près de Suse. Cf. Tab. Nöld., p. 58. Une vue du tombeau actuel de Daniel a été donnée dans *La Perse, la Chaldée et la Susiane*..., Paris, 1887, p. 659, par Mme Jane Dieulafoy, qui fait du monument la description suivante (p. 660) : «Le tombeau de Daniel se présente au pied et à droite de la haute terrasse désignée dans le pays sous le nom de *Kalè Chous* (forteresse de Suse). Un cours d'eau marécageux, le Chaour, qui jaillit de terre à quelque dix farsakhs en amont et va se perdre dans l'Ab-Dizfoul, baigne les murs du saint édicule... (p. 668-669). La pièce, de dimensions restreintes, blanchie à la chaux, couverte d'une voûte, contient une construction rectangulaire en forme de sarcophage. Le tombeau est entouré d'un de ces grillages autour desquels se promènent pieusement les mains des fidèles. Aux quatre angles luisent des boules volumineuses, polies par l'attouchement des fronts respectueux. Rien de plus, rien de moins dans la dernière demeure de Daniel...» Une autre vue dudit tombeau de Daniel a été donnée dans *La Bible annotée par une société de théologiens et de pasteurs*. Ancien Testament. Les Prophètes, II. Paris-Neuchatel (s. d.), p. 334.

(2) «Դեսպակ» «litière, voiture couverte».

Lorsqu'on fut arrivé[1] à trois asparêzs de la ville, les mulets attelés au char s'arrêtèrent subitement, et il fut impossible de les faire avancer[2]. Tout à coup ils se mirent à lancer des ruades et, se frayant violemment un passage à travers la foule et l'escorte, ils reprirent leur course vers la ville; lorsqu'ils en franchirent de nouveau la porte, l'eau de la rivière recommença à couler et se répandit au dehors en bouillonnant comme auparavant.

Ces faits furent immédiatement portés à la connaissance de l'empereur qui ordonna de présenter des offrandes [au saint] et de se conformer à sa volonté. [Les Grecs] laissèrent donc là le corps [de Daniel] et s'en retournèrent.

CHAPITRE VI.

Maurice écrit à Xosrov pour se plaindre des chefs arméniens et de leurs troupes et lui propose d'envoyer en Thrace ceux de la partie grecque du pays pendant que ceux de la partie persane seraient envoyés en Orient. – Les chefs de l'Arménie grecque se réfugient en Perse. – Xosrov envoie le *hamarakar* dans la partie grecque avec une forte somme d'argent pour attirer de son côté un grand nombre d'Arméniens. – Les chefs arméniens enlèvent l'argent. – Préparatifs de combat; pourparlers; rupture entre les chefs : les uns se rangent du côté des Grecs, les autres du côté des Perses.

En ce temps-là, l'empereur grec Maurice fit écrire au roi de Perse une lettre de plaintes contre tous les chefs arméniens et leurs troupes : « C'est une nation[3] fourbe et indocile, disait-il; ils se trouvent entre nous et sont une cause de troubles. Moi, je vais rassembler les miens et les envoyer en Thrace; toi, fais conduire les tiens en Orient. S'ils y périssent, ce sont autant d'ennemis qui

(1) Cf. Agath. (éd. Tiflis), p. 470.

(2) Il en est de l'attachement des corps des saints pour tel ou tel sanctuaire comme de celui des statues. Cf. ce qui arriva à une statue que les Français voulaient emporter d'Altengönna, après la bataille d'Iéna, dans : Witzschel, *Sagen, Sitten und Gebräuche aus Thüringen*. Vienne, 1878, in-8°, p. 108, cité par René Basset dans *Revue des Traditions populaires*, novembre 1903, p. 495. En réalité, l'attachement ne se produit pas pour tel ou tel sanctuaire, mais pour tel ou tel lieu. Le déplacement du fétiche n'a aucune importance, son enlèvement est grave, car le fétiche concentre en lui l'activité vitale.

(3) Lire *ազգ* au lieu de *ազդ*.

mourront; si, au contraire, ils tuent, ce sont des ennemis qu'ils tueront; et quant à nous, nous vivrons en paix. Mais s'ils restent dans leur pays, il n'y a plus de repos pour nous. »

Les deux rois s'étant mis d'accord, l'empereur donna aussitôt l'ordre de réunir tous les siens et de les envoyer en Thrace, et il pressa vivement l'exécution de cet ordre. Alors, les Arméniens commencèrent à s'enfuir du territoire grec pour aller se soumettre aux Perses, en particulier ceux dont les terres se trouvaient sous la domination persane. [Xosrov] les recevait tous avec honneur et leur faisait des présents plus considérables que l'empereur, montrant d'autant plus d'empressement à les attirer de son côté qu'il les voyait abandonner l'empereur.

Dès qu'il vit l'empereur grec ainsi abandonné, le roi de Perse envoya en Arménie le vaspurakanhamarakar[1] avec de riches trésors et de grandes marques de distinction pour attirer les Arméniens à son service. Le hamarakar partit avec de nombreux chameaux qui portaient l'argent.

Or, Samuêl Vahewuni, et, avec lui plusieurs de ses compagnons, allèrent à sa rencontre, et, l'ayant trouvé sur les frontières de l'Atrpatakan, ils enlevèrent le trésor; quant au hamarakar, ils lui firent grâce de la vie. Il y avait là Atat Xorxoṗuni, Samuêl Vahewuni, Mamak Mamikonien, Stephannos de Siunie, Kotit seigneur des Amatunis, Thêodos Trpatuni et environ deux mille cavaliers. Ils avaient l'intention, avec ce trésor, de se rendre maîtres de l'Arménie; ils comptaient y trouver le moyen de combattre les deux rois et de mettre sous leur autorité tout leur pays. Mais, arrivés à la ville de Naxčawan, leur union se brisa; ils n'eurent plus confiance les uns dans les autres, partagèrent le trésor et établirent leurs camps dans la plaine de roseaux que l'on appelle Čahuk. De son côté, le hamarakar se rendit à la Porte, raconta au roi tout ce qui était arrivé, et les paroles de l'empereur furent justifiées.

Le roi Xosrov commanda alors d'écrire une lettre à l'empereur

(1) Le percepteur du Vaspurakan; cf. H. Hübschmann, *Arm. Gramm.*, I, p. 80.

pour lui demander un secours de troupes, et il envoya en Arménie le vaspurakanhamarakar. Aussitôt [l'empereur] ordonna au général Héraclius, qui se trouvait alors en Arménie, de prendre son armée et de marcher contre les révoltés. Les troupes des deux rois firent leur jonction à Naxčawan, et pendant qu'elles se préparaient à agir contre les rebelles, on engagea des pourparlers avec ceux-ci pour éviter un combat et l'effusion du sang entre chrétiens; on les engageait à renoncer à leur mutinerie et à se soumettre de nouveau au roi, en leur assurant sous la foi du serment qu'ils n'auraient rien à craindre du roi. Le hamarakar lui-même disait : « Le roi des rois m'a envoyé vers vous; c'est pour vous-mêmes que j'ai apporté le trésor; vous n'avez donc rien à craindre du roi des rois. » Et il le jurait devant eux suivant leur loi [mazdéenne].

La division pénétra alors parmi les Arméniens. Mamak Mamikonien, Kotit, seigneur des Amatunis, et Stephannos, ainsi que plusieurs autres, se séparèrent de leurs compagnons pour venir se justifier devant le hamarakar et mirent leurs troupes au service du roi des rois. Mais Atat Xorxoṙuni et Samuêl Vahewuni s'enfuirent avec leurs soldats vers la ville ouverte appelée Soday et atteignirent l'Albanie, en se dirigeant du côté des Huns. Ils traversèrent le fleuve appelé Kur, ils campèrent sur la rive.

Leurs adversaires arrivèrent aussi au bord du fleuve et campèrent sur l'autre rive. Et comme les révoltés ne purent se confier à la nation des Huns[1], ils demandèrent un serment au roi des Grecs et allèrent se mettre à son service. Quelques-uns se rendirent auprès du hamarakar et rentrèrent immédiatement dans leurs domaines. Le hamarakar réunit alors tous les nobles et toutes les milices de l'Arménie persane, et les ayant ramenés à des sentiments de fidélité par de pressantes exhortations et des paroles bienveillantes, il les divisa en corps de troupe. Puis il les laissa dans le pays avec un petit nombre [de Perses] et s'en retourna après leur avoir dit d'attendre qu'il eût rendu compte des événements et que

[1] Sur le mot Համբար « Lager », cf. H. Hübschmann, *Arm. Gramm.*, I, p. 186-187.

l'ordre leur parvint de là-bas de demeurer où ils étaient. Ce qu'il avait en vue en agissant ainsi, c'était d'attirer à eux les autres Arméniens et d'augmenter le nombre [des sujets de la Perse].

Quant à Atat Xorxoρuni, l'empereur le manda aussitôt au Palais avec sa troupe, le combla d'honneurs et de dignités, lui fit de grands présents et l'envoya en Thrace.

CHAPITRE VII.

Certains chefs de l'Arménie grecque se révoltent.
Combat. – Quelques-uns meurent dans le combat : deux autres sont décapités.

Les nobles[1] des Vahewunis se révoltèrent à leur tour contre les Grecs ; c'étaient Samuêl, dont j'ai déjà parlé, Sargis, Varaz Nersêh, Nersês, Vstam et Thêodoros Trpatuni. Leur projet était de tuer le korator pendant qu'il se trouvait aux eaux, près de la ville de Karin, pour se guérir d'une maladie. Mais celui-ci, prévenu, se réfugia dans la ville, et les conjurés ne le trouvèrent pas lorsqu'ils envahirent la station de bains. Alors ils mirent au pillage tout ce qui leur tomba sous la main, firent un riche butin, puis se retirèrent vers le pays fortifié des Kordus avec l'intention d'occuper les forts.

L'armée grecque se mit à leur poursuite, avec le général Héraclius et Hamazasp Mamikonien. Les Arméniens étant arrivés près de la forteresse[2], traversèrent le fleuve Džermay sur le pont nommé Pont de Daniel ; puis ils détruisirent le pont, se fortifièrent dans le défilé et restèrent à garder le passage. [Les Grecs] étaient sur l'autre rive, se demandant ce qu'il y avait à faire. Ils ne trouvaient pas de gué et voulaient déjà s'en retourner lorsque tout à coup ils rencontrèrent un prêtre itinérant dont ils se saisirent : « Montre-nous, lui dirent-ils, le gué de la rivière ; sinon, nous allons te tuer. » Il prit alors la tête de l'armée et leur montra le gué un peu plus

[1] Le mot arménien սեպուհ désigne, parmi les nobles, ceux qui ne sont pas chefs de famille.

[2] Il est ici question d'une forteresse spéciale. Est-ce celle de Zrhel, qui, dans Thomas Arcruni, fait partie du canton de Džermacor. (Cf. Th. Arcr. trad. p. 224).

bas. Toute l'armée passa ainsi de l'autre côté du fleuve : les uns allèrent bloquer la forteresse par derrière, d'autres occupèrent la tête du pont et le débouché de la vallée; le reste, pénétrant dans la forteresse, engagea le combat avec les révoltés. Il y eut un horrible carnage, mais ceux-ci finirent par être exterminés.

Nersès, Vstam et Samuêl, après avoir fait un grand carnage autour d'eux, périrent dans le combat; mais Sargis et Varaz Nersêh ainsi que quelques autres, furent faits prisonniers, conduits dans la ville de Karin et enfin décapités. Lorsqu'ils allaient être exécutés, Varaz Nersêh dit à Sargis : « Tirons au sort à qui sera le premier mis à mort. » Mais Sargis lui répondit : « Je suis un vieillard et un pauvre pécheur; je t'en prie, fais-moi la grâce de m'accorder un peu de repos, et que je ne sois pas témoin de ta mort. » Et il fut décapité le premier.

Quant à Thèodoros Trpatuni, il put s'échapper et se réfugia à la cour du roi de Perse. Mais celui-ci ordonna de le charger de chaînes et de le livrer à ses ennemis[1], afin qu'il mourût; il lui fit souffrir de grands tourments.

Les ennemis[2] qui venaient du côté de la Thrace désolaient et ravageaient l'empire avec leurs armées innombrables et en entreprenant des guerres incessantes ils voulaient détruire la nation et l'empire romains pour régner eux-mêmes souverainement sur la résidence impériale.

CHAPITRE VIII.

L'empereur donne à ses troupes d'Orient et à celles d'Arménie l'ordre de se rassembler, de passer la mer et d'aller faire la guerre à l'ennemi en Thrace[3]. – Mušeł est choisi comme général. – Victoire, puis défaite. – Mušeł est fait prisonnier et mis à mort.

L'empereur des Grecs ordonna alors à ses troupes des provinces orientales de se rassembler parce que l'on était en paix et qu'il

[1] Les Grecs. Le génitif *Նոցա* du début de la phrase est fautif.

[2] Cet alinéa appartiendrait plutôt au chapitre suivant, auquel il sert d'introduction.

[3] Le récit de la campagne dirigée par Maurice contre les Avares, 591-593, est donné avec beaucoup de détails dans Théoph. Simoc., V, *passim*, et reproduit par Lebeau, X, 351 et suiv.

n'avait plus de difficultés avec l'empire perse au sujet de la Syrie. Il donna l'ordre de leur faire passer la mer et de les diriger vers la Thrace pour les employer contre l'ennemi. Il ordonna aussi de rassembler toute la cavalerie arménienne et en même temps tous les nobles naxarars habiles à la guerre et maniant bien la lance dans le combat. Il ordonna, en outre, de lever en Arménie une armée nombreuse, avec des soldats de bonne volonté et de belle taille, de les organiser en corps réguliers, de les armer et de les faire tous passer en Thrace pour combattre l'ennemi, sous le commandement de Mušeł Mamikonien.

Ceux-ci marchèrent contre les nations qui occupent les régions occidentales, au bord du grand fleuve nommé Danube. Une bataille acharnée fut livrée dans ce pays, et les forces de l'ennemi furent défaites par l'armée grecque, mises en fuite et rejetées de l'autre côté du Danube.

Après cette grande victoire, l'armée grecque envoya des messagers pour porter en toute hâte la bonne nouvelle à l'empereur et à toute la cour.

Puis l'armée grecque envahit le territoire ennemi, franchit des défilés et commença à dévaster tout le pays. Mais ses adversaires firent front[1] et une grande bataille eut lieu, dans laquelle ils battirent les Grecs, les défirent complètement et les mirent en fuite. Ils chassaient les fuyards devant eux et les poursuivaient l'épée dans les reins, après leur avoir coupé la retraite en occupant les défilés. Ceux qui purent échapper se réfugièrent à grand peine dans les forteresses de la Thrace. Mušeł Mamikonien fut fait prisonnier, attaché à un grand arbre de la forêt et mis à mort. Un grand nombre de nobles et de soldats arméniens périrent ce jour-là.

L'empereur, ayant réuni une autre armée, ordonna aux troupes de se borner à se tenir sur leurs gardes.

(1) Peut-être faut-il corriger *հանեալ* du texte en *հարեալ* ?

CHAPITRE IX.

L'empereur Maurice ordonne de prêcher en Arménie la doctrine du concile de Chalcédoine. – Division du siège patriarcal.

Par un nouvel édit de l'empereur, il fut ordonné de prêcher la doctrine du concile de Chalcédoine dans toutes les églises d'Arménie, et d'unir les Arméniens dans la communion des troupes impériales. Les fils de la foi de l'église arménienne s'enfuirent et se retirèrent à l'étranger. Beaucoup de prêtres, ne tenant aucun compte de l'édit, restèrent et demeurèrent inébranlables, pendant que d'autres, mus par l'ambition, s'unirent [avec les Grecs] par la sainte communion[1]. Le siège patriarcal fut partagé entre deux catholicos, l'un nommé Moïse, l'autre Jean; le premier pour l'Arménie persane, le second pour l'Arménie grecque.

Jean admettait les Grecs à sa communion, mais Moïse ne voulut avoir aucun rapport avec eux. Tous les vases sacrés de l'église de Saint-Grégoire à Dwin furent emportés [par Jean][2] et gardés dans la ville de Karin, d'où plus tard Jean lui-même fut emmené en captivité pour être transporté en Perse dans la résidence royale d'Ahmatan.

CHAPITRE X.

Nouvel ordre de l'empereur de recruter de la cavalerie en Arménie; Sahak Mamikonien et Smbat Bagratuni conduisent les troupes; retour de Smbat en Arménie; conseil des naxarars d'Arménie; Smbat se rend auprès de l'empereur en compagnie de sept personnes. – Il est jeté à l'arène. – Bravoure que Smbat y montre. – Il s'en tire sain et sauf et est exilé en Afrique.

En ce temps-là, l'empereur donna l'ordre de chercher et de lever au pays d'Arménie des cavaliers excellents, complètement armés,

(1) Nous lisons [illegible] au lieu de [illegible].

(2) Nous lisons զոր տարեալ Յովհաննէս, au lieu de զոր տարան, qui ne donne aucun sens. Le [illegible] qui suit presque immédiatement paraît rendre nécessaire l'introduction du nom de Jean dans la phrase. Cf. le texte de ce chapitre et éd. Patk., p. 77, l. 3 du bas.

au nombre de deux mille, de les confier à deux personnes sûres et de les faire partir en toute hâte.

Alors on se mit à rechercher et on choisit deux mille hommes d'armes; on les confia à deux personnes sûres; mille à Sahak Mamikonien et mille à Smbat Bagratuni, fils de Manuêl. Ils prirent des chemins différents; on fit passer Sahak Mamikonien avec ses mille cavaliers par Sébaste, et Smbat Bagratuni avec l'autre millier par le pays des Xaltis. Sahak conduisit les troupes jusqu'au palais et se présenta au roi.

Quant à Smbat, une fois arrivé au pays des Xaltis, il s'y fortifia, car les troupes avaient été prises de crainte en route et ne voulaient pas aller là où l'empereur leur demandait de se rendre; l'empereur l'ayant appris, promet sous serment, par des messages et par des ambassadeurs fidèles, de le renvoyer dans son pays avec de grands honneurs. [L'empereur] promettait aux soldats beaucoup d'honneurs et de biens; et, les fléchissant ainsi, il les amena à capituler. Ils se rendent ensemble et se présentent devant le roi. Celui-ci arme les soldats, les équipe et les rassemble sur les frontières de Thrace; quant à Smbat, il lui accorde de grands honneurs et le renvoie en Arménie, avec beaucoup de biens.

Les naxarars d'Arménie qui étaient restés se concertèrent de nouveau[1] pour demander à être exemptés de servir l'empereur des Grecs et pour se donner un roi, afin qu'il ne leur arrivât pas de mourir dans les régions de Thrace, et qu'ils pussent vivre et mourir dans leur propre pays. Mais leurs conciliabules n'aboutirent à aucun accord ferme. Quelques-uns d'entre eux dénoncèrent traitreusement ces desseins et les firent parvenir aux oreilles du roi; et d'eux-mêmes ils se dispersèrent et s'enfuirent de divers côtés.

En ce temps-là arrivèrent les ambassadeurs du roi avec des décrets; ils arrêtèrent Smbat avec sept autres personnes et les

[1] Cet événement est placé par Simocatta avant la mort de Hormizd, dans l'année qui précéda l'avènement de Xosrov II. Cf. Theophyl. Simoc. III, 8; Lebeau, t. X, p. 284 et suiv.; de Muralt, I, p. 250.

conduisirent devant le roi. On les interrogea au milieu de la place, devant tout le monde, et l'ordre fut donné de les déshabiller et de les jeter à l'arène[1]. [Smbat] était puissant de stature et beau d'aspect; il était haut et large, vigoureux et sec. Combattant redoutable, il avait déjà[2] montré dans mainte guerre sa bravoure et sa vigueur. Sa force était telle que, traversant des forêts touffues de cèdres et de grands arbres, monté sur son cheval robuste et vigoureux, il se jetait sur la branche d'un arbre, la saisissait, et, serrant entre ses cuisses et ses jambes les flancs de son cheval, il le soulevait de terre avec ses jambes, tandis que tous les soldats, à cette vue, étaient frappés d'étonnement.

Ensuite, on le dévêtit, on lui fit mettre une culotte de lutteur et on le jeta à l'arène, pour qu'il devînt la proie des bêtes. On lança sur lui un ours; lorsque l'ours fondit sur lui, [Smbat] poussa un grand cri et se rua sur [l'animal]; il lui frappe le crâne de son poing et l'assomme sur place. — Ensuite, on lâcha sur lui un taureau; [Smbat] saisit les cornes du taureau, pousse un cri puissant et, le taureau se fatiguant dans la lutte, il lui tord le cou et lui brise les deux cornes sur la tête. Le taureau faiblit et, reculant, prend la fuite. [Smbat] le poursuit, lui saisit la queue et le sabot d'un des pieds. Le sabot cède et reste dans sa main, tandis que le taureau s'enfuit, boitant de son pied mutilé. Une troisième fois, on lança sur lui un lion; lorsque le lion se précipita sur lui, le Seigneur lui donna un tel succès qu'en saisissant le lion par l'oreille, [Smbat] monta dessus, le prit au larynx, l'étrangla et le tua. Alors les cris de la foule nombreuse remplirent toute la terre et on demandait au roi grâce pour lui.

Fatigué par la lutte, [Smbat] s'assit sur le lion mort pour se reposer un peu. La reine elle-même, tombant aux pieds du roi,

[1] Lebeau, d'après Simocatta, raconte plus sobrement que Sebêos la condamnation de Smbat à être déchiré par les bêtes dans l'amphithéâtre, et la clémence de Maurice. Cf. Lebeau, X, p. 285. *կինեգին*, *κυνήγιον*, Thierhetze: cf. H. Hübschmann, *Arm. Gramm.*, I, p. 357.

[2] Il faut peut-être lire *ցայնժամ* («jusque-là»), au lieu de *յայնժամ* («alors»).

demande grâce pour lui; car cet homme était auparavant aimé du roi et de la reine, qui l'avaient choisi comme fils adoptif. [Le roi] étonné de la force et de la vigueur de cet homme, et écoutant les supplications de sa femme et de toute la cour, ordonna de lui faire grâce[1].

Ensuite, on le conduisit au bain pour le laver; on le lava, on l'habilla et on le convia au repas royal; on prit soin de lui [en lui servant] des mets [délicats]. Peu de temps après, non par la mauvaise volonté du roi, mais à la suite des médisances d'envieux, [le roi] donna l'ordre de le mettre dans un bateau [lui et ses compagnons], et de les exiler dans des îles lointaines. Puis, de là, il ordonne de les faire passer en Afrique...[2] et de l'incorporer aux troupes qui y étaient campées.

CHAPITRE XI.

Les naxarars laissés par le hamarakar sont appelés en Asorestan et honorés par le roi Xosrov; leurs troupes campent à Aspahan.

Quant aux naxarars de la partie persane [de l'Arménie] et à leurs troupes, dont j'ai dit plus haut que le hamarakar les avait laissés et était parti, jusqu'à l'arrivée de l'ordre royal, les *pĕsaspiks* vinrent avec des décrets pour les convoquer tous ensemble à la cour royale.

Voici les noms des naxarars et des officiers qui se rendirent ensemble, chacun avec ses troupes et son drapeau, à la cour royale du roi des Perses Xosrov, la 6e année de son règne : 1° Gagik Mamikonien, fils de Manuèl; 2° Pap Bagratide, fils d'Ašot l'aspet; 3° Xosrov, seigneur des Vahewunis; 4° Vardan Arcruni; 5° Mamak Mamikonien; 6° Stephannos Siwni; 7° Kotit, seigneur des Amatunis. Avec eux, [il y avait] d'autres naxarars. Arrivés en

(1) La clémence de Maurice est racontée avec moins de détails merveilleux dans Lebeau, X, p. 285, et n'est pas mentionnée dans Patkanian, *Journal asiatique*, 1866, t. I, p. 195 et 196.

(2) Les mots *առնել նոցա անդ ի մէջ նոցա*, partiellement répétés dans le membre de phrase suivant, sont obscurs.

Asorestan, à la demeure royale, ils se présentèrent au roi. Celui-ci les reçut avec joie et les combla d'honneurs extraordinaires. Il ordonna de garder les grands seigneurs au palais, de leur assigner des pensions sur le trésor royal, pour chacun d'entre eux, et de les inviter chaque jour à la table royale. Il donna l'ordre à leurs troupes de camper à Spahan, [recommandant] qu'on les traitât d'une manière cordiale et avec toutes sortes de complaisances.

CHAPITRE XII.

Xosrov juge ses oncles : meurtre de Vndoy ; Vstam s'enfuit, fait la guerre contre Xosrov et règne dans le pays des Parthes.

En ce temps-là, le roi Xosrov se proposa de venger la mort de son père sur les naxarars qui l'avaient tué. Et d'abord, il veut juger ses oncles maternels. Il ordonna d'arrêter Vndoy, — celui dont j'ai parlé plus haut, — de l'enchaîner et de le mettre à mort. Quant à son frère Vstam[1], il ne se trouva pas à la cour à ce moment-là. Bien qu'on l'eût appelé en lui adressant des paroles trompeuses et des flatteries, — comme s'il ne devait pas avoir eu vent de la mort de son frère, — lui qui avait été par quelque moyen mis au courant des événements, ne tomba pas dans le piège ; il se révolta et se réfugia dans le pays fortifié de Gelum[2], dont il rassembla et mit sous ses ordres l'armée tout entière.

Il fit une expédition du côté de Ṙeh[3], et pilla entièrement de nombreuses contrées du royaume de Perse. Alors le roi Xosrov rassembla ses troupes et marcha contre lui ; il avait avec lui une armée de l'empereur. Le combat eut lieu dans le pays de Ṙeh. Dans cette bataille, les troupes arméniennes se comportèrent avec une bravoure que le roi eut occasion de voir et d'admirer.

(1) Sur la révolte de Vstom, cf. Tab. Nöld., p. 478 et suiv.

(2) Sur la forme Délam (Délem), cf. Tab. Nöld., p. 167, 478, 480, 484.

(3) Dans ce même paragraphe, ce mot est orthographié une fois Ռէ et une fois Ռեհ ; cf. H. Hübschmann, *Arm. Gramm.*, I, p. 70. Il s'agit ici d'une contrée située entre l'Atrpatakan et le Gelum.

Comme le révolté ne pouvait résister, il se réfugia dans les montagnes et s'y fortifia. Et ainsi ils rentrèrent chacun chez soi sans que personne n'eût remporté la victoire. Le révolté Vstam alla au pays fortifié de Gełum; et de là il passa dans les régions des Parthes, qui étaient son véritable domaine, afin de prendre le commandement des troupes de ces régions et de revenir ensuite.

Le roi, parti pour l'Asorestan, arriva dans sa demeure royale accompagné des princes naxarars arméniens.

CHAPITRE XIII.

Mort des išxans arméniens: insurrection de leurs troupes à Spahan. Ravage du pays, pillage du trésor et marche contre Vstam.

Les išxans arméniens moururent alors : Gagik Mamikonien et Xosrov, seigneur des Vahewunis moururent de mort naturelle dans le palais royal. Mamak Mamikonien, envoyé en Arménie pour les affaires de l'armée, à peine arrivé à Dwin, y mourut au bout de quelques jours. Stephannos de Siunie se querella avec son oncle paternel Sahak au sujet d'une seigneurie qui appartenait à ce dernier. Sahak écrivit contre lui une accusation capitale, qu'il scella de son sceau, de celui de l'évêque de sa maison et de ceux des autres princes de Siunie, en rappelant au roi la faute qu'avait commise [Stephannos] en s'insurgeant [avec ses compagnons].

Alors le roi ordonna de lier Stephannos et de le mettre en prison; on le décapita dans le grand carême, dans la semaine de Pâques[1]. Quant à Kotit [le roi l'] envoya à Mrcuin[2] comme ambassadeur et ordonna à des cavaliers de se mettre en embuscade dans la campagne; ayant fondu sur lui comme des brigands, ils le tuèrent en route. Les troupes [des naxarars][3], qui étaient campées à Spahan, en apprenant ce qui était survenu, se répandirent dans

(1) C'est-à-dire la semaine *avant* Pâques.

(2) Le texte porte *ի Մրծուին*, qu'il faut probablement lire *ի Մծբին* = «à Nisibe» ; cf. J. Marquart, *Ērānšahr*, p. 162.

(3) De Kotit et d'Étienne.

la contrée et la ravagèrent; elles prirent le trésor royal, qui était dans la maison du *hamarakar*, trésor constitué par les impôts prélevés dans ce pays; elles se mirent en route et allèrent à la forteresse de Gelum. L'armée de Peroz[1] les poursuivit; elle en tua quelques-uns par l'épée; d'autres se donnèrent la mort pour n'être pas faits prisonniers; d'autres, échappés à grand' peine, se précipitèrent dans la forteresse de Gelum. Comme ils n'y trouvèrent pas Vstam, il se mirent en route et allèrent au pays des Parthes; une fois arrivés, ils se présentèrent à lui.

CHAPITRE XIV[2].

Xosrov donne le marzpanat du Vrkan à Smbat Bagratuni et l'honore beaucoup[3]. Smbat organise le pays du Vrkan au point de vue religieux et politique.

En ce temps-là, Smbat Bagratuni plut au roi Xosrov; celui-ci lui donna la dignité de marzpan du Vrkan; il le nomma gouverneur de tout ce pays et lui accorda beaucoup d'honneurs et de pouvoirs. Il le combla d'or et d'argent et le revêtit d'habits précieux et magnifiques. Il lui donna la ceinture et l'épée de son propre père Ormizd, lui remit le commandement des troupes persanes et arméniennes et lui ordonna de se rendre dans son gouvernement.

A cette époque, les pays portant les noms d'Amał, de Ṙoyean, de Dzṙêčan et de Taparastan étaient insurgés contre le roi de Perse; il leur fit une guerre victorieuse, les frappa de l'épée et les

[1] Le texte (éd. Patk., p. 58) porte bien *զաւրքն պերոզականն* «l'armée de *Peroz*», ce qui ne donne pas un sens satisfaisant; peut-être faut-il y voir une faute de copiste et comprendre : l'armée des *Perses*, ou plutôt voir dans *perozakan* un adjectif signifiant *victorieux*, d'après Peroz = vainqueur: cf. H. Hübschmann, *Arm. Gramm.*, I, p. 68. Ce mot n'existe pas dans d'autres passages avec le sens que nous lui attribuons.

[2] Ce chapitre semble avoir été utilisé par Samuel d'Ani, *Chron.*, s. a. 596.

[3] Smbat Bagratuni eut le marzpanat du Vrkan de 595-602. Sur l'identité de Vrkan = Ὑρκάνιοι = pers. Gurgan, cf. H. Hübschmann, *Arm. Gramm.*, I, p. 86, et J. Marquart, *Ērānšahr*, p. 72. Un quartier de *Niçabour* était appelé *Werkân*; cf. C. Barbier de Meynard, *Dictionnaire géographique... de la Perse...*, p. 588, s. v. وركان.

mit sous la domination du roi de Perse; il restaura le pays entier de son marzpanat, car la contrée était ruinée. Il y avait dans cette région des captifs arméniens, campés sur la lisière du grand désert, du côté du Thurkhastan et du Delhastan. Ils avaient oublié leur langue, ignoraient l'écriture[1] et n'avaient pas de prêtres. Il y avait aussi des Kodreens, qui avaient été faits prisonniers avec les nôtres; il y avait également beaucoup d'hommes de l'empire grec et de la région syrienne.

Les Kodreens étaient païens, mais une grande lumière brilla sur les chrétiens; ils raffermirent leur foi, apprirent l'écriture et leur langue et établirent comme prêtre de leur pays l'un d'entre eux nommé Abel.

CHAPITRE XV.

Arrivée de Vstam en Asorestan pour tuer Xosrov et prendre son royaume. — Pariovk, roi des Khušans, le fait mourir par ruse. Petite guerre au pays du Vrkan.

En ce temps-là[2], Vstam soumit à son autorité les deux rois des Khušans, Šawg et Pariovk; il rassembla toutes les troupes de la région orientale, et marcha sur l'Asorestan avec une armée forte et puissante, pour tuer Xosrov[3] et s'emparer de son royaume. Ses troupes étaient campées à l'écart, à droite et à gauche. Le roi des Khušans, Pariovk, était derrière lui. Alors, en traître, le roi des Khušans conçut une ruse, il passa devant [Vstam] avec peu d'hommes; puis, descendant de cheval, il se prosterna contre terre sept fois. [Vstam] s'avança et lui ordonna de remonter de suite à cheval; or une embuscade était tendue sur la route. Pariovk dit : « Ordonne à l'escorte de s'écarter de toi, car j'ai une communication à faire au roi. » Le roi, qui ne soupçonnait pas de fourberie, commanda aux gens de s'écarter. Comme ils [Vstam et Pariovk] marchaient et parlaient, les hommes embusqués sortirent subitement

(1) Le mot դպրութիւն est ambigu; il signifie également *écriture* et *enseignement*, *connaissance de la doctrine* (*religieuse?*).

(2) En 595; cf. J. Marquart, *Ērānšahr*. p. 65.

(3) Xosrov II.

de leur cachette, ils frappèrent et tuèrent Vstam. Pariovk avait fixé un rendez-vous à ses troupes; il leur donna rapidement la nouvelle; ses soldats s'élancèrent en toute hâte à sa suite, et enlevèrent la femme de Vstam, tous ses biens et tous ses meubles; puis ils se hâtèrent de revenir et de s'éloigner.

Ce n'est que plus tard, quelques jours après, que toutes les troupes apprirent ces événements; se trouvant ainsi abandonnées, elles se séparèrent et chacun rentra chez soi. Et s'en allèrent aussi les troupes de Gelum, qui étaient avec lui; elles arrivèrent rapidement dans les forteresses de leur pays. De même, ces Arméniens, qui s'étaient insurgés contre Smbat et s'étaient rendus chez Vstam, étaient avec eux. Lorsqu'ils vinrent au pays appelé Komš [1], situé de l'autre côté du Vrkan, dans la région de la montagne qui sépare ces deux pays, ils arrivèrent au village appelé Xekewand.

Šahr Vahrič et le marzpan Smbat du Gurkan, avec beaucoup de monde, marchèrent à leur rencontre. Les troupes de Gelum ne comptaient pas plus de deux mille hommes. Il y eut une bataille dans cette contrée; [ces troupes] massacrèrent les troupes persanes, les mirent en fuite et les poursuivirent, en tuant beaucoup et en capturant un grand nombre; ensuite ils s'en retournèrent et campèrent près du lieu du combat, toujours en compagnie des Arméniens [révoltés]. Beaucoup de soldats et d'Arméniens qui étaient avec le marzpan Smbat périrent dans cette affaire.

CHAPITRE XVI.

Découverte d'un morceau de la croix.

Un homme, nommé Yosèph, avait eu un songe trois mois avant ce combat : «Un homme, dit-il, d'un aspect merveilleux, s'étant approché me dit : il y aura une guerre dans trois mois; beaucoup succomberont dans le combat, mais toi, tu iras sur le lieu du

[1] Var. *Kośm*. Région au sud du Tabaristan. Cf. *infra*, l'Index, *s. v.*

combat; et voici quel signe tu observeras : lorsque tu verras un homme tombé à terre, dont le corps brillera parmi tous les cadavres, alors tu iras et tu prendras avec toi ce que tu trouveras sur lui. Fais attention, dit-il, n'oublie pas; car c'est un miracle.» Yosèph se leva et partit; et lorsqu'il fut arrivé à l'endroit [désigné], il trouva ce qui lui avait été annoncé dans la vision qu'il avait eue, après avoir déshabillé [l'homme en question] et tous les cadavres. Cet homme avait une bougette[1] en cuir sous l'épaule; son corps était parmi les cadavres; Yosèph s'approcha, prit la bougette, vit qu'il y avait une boîte en argent et une croix à l'intérieur, dans laquelle se trouvait un grand morceau de la croix de Notre-Seigneur[2]. Il s'en signa, et, après l'avoir pris, il rejoignit ses camarades.

Toutes les troupes partirent du champ de bataille et arrivèrent aux forteresses de leur pays. Alors le roi manda auprès de lui Vahrič et envoya à Smbat de [grandes marques] de reconnaissance, car il avait été repoussé en combattant loyalement et n'avait pas déserté son poste; il n'avait pris la fuite qu'après tous les autres.

CHAPITRE XVII.

Guerre de Smbat contre ses ennemis; il est victorieux et reçoit des honneurs plus grands et des cadeaux plus magnifiques que tous les marzpans. Le fils de Smbat, Varaztiroch, est nommé échanson du roi. Construction de l'église de Saint-Grégoire; avènement d'un catholicos.

L'année suivante, toutes les troupes des ennemis se réunirent; elles allèrent s'établir[3] dans le canton de Taparastan; Smbat réunit, lui aussi, toutes ses troupes et partit en guerre contre eux.

(1) Le mot շապգյր est synonyme de մախաղ; cf. Guy de Lusignan, *Nouveau Dictionnaire illustré français-arménien*. Paris, 1900, I, p. 305, *s. v.* bougette.

(2) Un morceau du bois de la vraie croix se trouve au monastère de Hachuneach dašd, près de Naxčawan : il y fut placé par une princesse de Siunie, après qu'Héraclius eut délivré la croix de l'esclavage des Persans. Cf. Saint-Martin, *Mémoires... sur l'Arménie*, II, p. 423. On consultera avec fruit sur cette question : F. de Mély, *Reliques de Constantinople*, dans *Revue de l'art chrétien*, janvier 1897.

(3) Le texte porte : բնակէին «elles demeuraient»; peut-être serait-il préférable de lire բանակէին «elles campaient».

Le Seigneur Dieu livra l'armée des ennemis aux mains de Smbat, qui extermina tout avec l'épée. Les survivants s'enfuirent en déroute dans leur pays. Ceux qui étaient avec [1] eux demandèrent un serment et des garanties ; ils vinrent se présenter devant Smbat. Yosêph, dont nous avons parlé, était avec eux. Ensuite Yosêph lui présenta sa trouvaille [2] et lui raconta sa vision ; puis il raconta également les nombreux miracles qu'il avait faits parmi les païens. Alors Smbat se leva, puis s'agenouilla devant [le morceau de la croix] ; et l'ayant pris, il s'en signa ; puis il le remit aux mains de Mihrui [3], homme pieux qu'il avait établi [comme intendant] sur sa maison, fidèle, obéissant, de la famille Dimakhsean [4] ; il le déposa dans l'église qu'administraient les prêtres de sa cour.

Alors le roi lui adresse un décret, [lui exprimant] sa grande satisfaction, par lequel il le comble d'honneurs, lui accordant un rang plus élevé que tous les marzpans de son royaume ; il lui envoie des coupes d'échansons toutes en or et des vêtements royaux, des tiares dorées, des jambarts [5] ornés de diamants et de perles [6] ; il nomme échanson servant le vin au roi le fils [de Smbat], Varaztiroch, qu'il avait élevé comme un de ses fils et qui était hautement considéré par toute la cour [7].

Smbat exerça le marzpanat sur ce pays pendant huit ans [8].

(1) Les Arméniens qui s'étaient joints aux ennemis du roi de Perse.

(2) Le fragment de la vraie croix dont il a été question au chapitre précédent.

(3) Le pers. *Mihrōi* de Nöld., *Stud.*, I, 22. Cf. H. Hübschmann, *Arm. Gramm.*, I, p. 54.

(4) Sur cette famille et le sens du mot (= Balafré), cf. Moïse de Xoren, *Histoire d'Arménie*, II, 47, et la trad. dans Langlois, *Collection*..., II, p. 104, n. 2.

(5) Le mot զանգապան d'origine iranienne et désignant littéralement «garde-jambes» est difficile à traduire ; on le rend par «caleçons, pantalons, jambarts». Il désigne la partie du vêtement adhérente au corps. Cf. Daniel. III, p. 21, et H. Hübschmann, *Arm. Gramm.*, I, p. 149. C'est la περικνημίς des Grecs.

(6) Cf. Dulaurier, *Chronol. armén.*, p. 217.

(7) Sur l'habitude qu'on avait, à la cour des Sassanides comme à celle des Achéménides, de faire élever les jeunes nobles sous la direction d'un fonctionnaire supérieur, cf. Tab. Nöld., p. 389 et 443.

(8) Cf. *supra*, chap. XIV, n. 3.

Après cela, l'ordre vint de l'inviter, avec de grands égards, à la cour royale; puis il l'autorisa à se rendre dans son pays, l'an 18 de son règne

Or [Smbat] demanda au roi l'autorisation de reconstruire l'église de Saint-Grégoire, qui était dans la ville de Dwin. Comme le bienheureux catholicos Moïse [1] était décédé et qu'il n'y avait pas de vardapet dans cet endroit, il s'empressa de demander encore une fois au roi la permission; l'ordre étant arrivé dans son pays, il demande à ce qu'on établît sur le siège suprême un directeur qui prît soin de l'église et dirigeât son salut. On établit Abraham [2] l'évêque des *R*štunis, sur le siège patriarcal, puis on se mit à poser les fondements de l'église; il rassembla des artisans pour la pierre et mit à leur tête des surveillants fidèles; il donna l'ordre de mener à bonne fin, en hâte [l'entreprise]. Le gouverneur de la forteresse et le marzpan écrivirent une dénonciation au roi : « [L'Église] est trop près de la forteresse et il en peut résulter un danger du côté de l'ennemi. »

Le roi ordonna que « la forteresse serait détruite et l'église reconstruite au même endroit. » Amen.

CHAPITRE XVIII.

Smbat est appelé à la cour de Perse; il est élevé au rang seigneurial, qui est appelé Xosrov Šnum. Il poursuit les Khušans; meurtre de Datoyean; Smbat va encore attaquer avec les naxarars d'Arménie la nation des Khušans et des Hephthalites; combat singulier; Smbat triomphe et se rend en grande pompe à la cour.

Lorsque l'hiver fut passé, à l'arrivée du printemps, les courriers apportèrent des décrets invitant [Smbat] à [se rendre] en grande pompe à la cour royale. Il alla se présenter devant le roi

[1] Moïse II, patriache de 551 à 594; en 581, à cause de son grand âge, il s'adjoignit comme coadjuteur Vertanès; cf. Saint-Martin, *Mémoires*, I, p. 438.

[2] Abraham I, succéda à Moïse II en 594 et occupa le siège patriarcal jusqu'en 600; cf. Saint-Martin, *Mémoires*, I, p. 438.

dans le grand palais appelé *dastakert*, puis se rendit dans la salle de réception et il s'assit sur le bob[1] et le pahlak.

Alors le roi lui donne la dignité seigneuriale qui s'appelle Xosrov Šnum[2], le pare richement d'une tiare et d'une tunique en bysse dorée; il l'honore grandement dans une tente ornée de diamants, par un bataillon et un trône d'argent. . .[3].

Il lui donne des trompettes à quatre voix et des gens de la suite royale pour lui servir de gardes à sa porte; il rassemble pour lui une armée grande et terrible [pour aller] en Orient, au pays des Khušans et lui ordonne de nommer marzpan qui il voudra.

[Smbat] partit et arriva à Komš, le pays le plus proche de sa seigneurie; il appela auprès de lui, du Vrkan, l'armée de ses compatriotes, et alla tout droit en Orient.

Voici les išxans naxarars d'Arménie qui allèrent avec lui, chacun avec sa troupe et son drapeau : Varazšapuh Arcruni, Sargis Tayechi, Artawazd, Vstam et Hmayeak Apahuni, Manuêl, seigneur des Apahunis, Vρam, seigneur des Golthiens, Sargis Dimakhsean, Sargis Trpatuni et d'autres naxarars; puis ses propres soldats, environ deux mille cavaliers de ce pays. Il vit que les troupes des Khušans s'étaient répandues sur tout le pays et le ravageaient; lorsqu'ils apprirent son arrivée, ils se rassemblèrent et partirent. Et lui, se pressant à leur poursuite, les rejoignit bientôt. Quant à eux, en le voyant les rejoindre, ils se retournèrent et firent front; il y eut une bataille; les troupes des Khušans se mirent en fuite et furent défaites par les troupes de Xosrov Šnum; beaucoup furent tués, un grand nombre échappèrent par la fuite. Smbat revint

(1) *բոբ* = tapis, coussin, cf. H. Hübschmann, *Armen. Gramm.*, t. I, p. 121; le second mot, visiblement iranien comme le premier, n'est pas identifié; Patkanian écrit *բահլակ* au lieu de *պահլակ*, sans donner de raison.

(2) *Šnum* à côté de la variante *šum*; titre honorifique accordé à Smbat Bagratuni par le roi Xosrov II, et signifiant : «Joie de Xosrov». Cf. H. Hübschmann, *Arm. Gramm.*, I, p. 214.

(3) Le passage *արձանիւ ի նա զվաճառն . . . աշխարհին* (éd. Patk, p. 65, l. 5) est incompréhensible. M. Meillet nous signale que Patkanian a renoncé à traduire. Cf. H. Hübschmann, *Arm. Gram.*, I, p. 130.

camper à Apr Šahr[1] et dans le canton de Tos[2]; et s'établit lui-même avec trois cents hommes au bourg qui s'appelle Xροxt[3].

Alors les rois des Khušans demandèrent des secours au grand Xakhan, roi des régions du Nord. Une armée de trente mille hommes arriva à leur secours, en traversant le fleuve nommé Vehρot, qui sort du Thurkhastan, du pays d'Ewilat [passe] par Dionos ephesteay, Šamn et Bramn et va couler aux Indes[4]. Ils demeurèrent sur les bords du fleuve et envoyèrent des bandes pillardes vers l'occident; puis, survenant soudain, ils assiégèrent le bourg qui était entouré d'un rempart fortifié.

Alors Smbat ordonne à ses trois cents hommes de se retirer dans la petite forteresse qui se trouvait au milieu du bourg. Il monta à cheval avec trois hommes dont les noms étaient : Sargis Dimakhsean, Sargis Trpatuni et un des porteurs d'armes à cheval du village nommé Smbatik. Se ruant subitement vers la porte, ils fendirent la troupe qui gardait et s'en allèrent. Les trois cents qui étaient barricadés dans la forteresse, au milieu du bourg, résistèrent aux soldats [du Xakhan]. Or le commandant de cette troupe était un prince persan, nommé Datoyean, par ordre royal.

(1) Cf. Tab. Nöld, p. 17.

(2) Cf. Thous, dans : Barbier de Meynard, *Dictionnaire géographique... de la Perse...*, p. 395-396 : «Ville du Khoraçân, à 10 farsakhs environ de Niçabour; elle est formée par deux villes, *Thaberân* et *Nouqân;* plus de mille bourgades dépendent de son territoire.»

(3) Komopolis; cf. J. Marquart, *Ērānšahr,* p. 66. Le manuscrit porte : Խրոխոտ = Xroxot.

(4) Pour ce passage assez obscur, cf. J. Marquart, *Ērānšahr,* p. 148 : ...«sie überschritten den Fluss, welcher *Wehrot* heisst, welcher aus dem Lande *T'urk'astan* entspringt und das Land Evilat, *Dionos ep'esteajk'* (Διονύσου ἐφέστια), die Buddhisten (*Šamn*) und Brahmanen (*Bramn*) umfliesst und in Indien mündet. *Dionos ep'esteajk* d. i. Διονύσου ἐφέστια ist Νῦσα, die Gründung des Dionysos unter dem Berge Meru... Wir haben hier also bereits die Identifikation des Phison, der das Land Ḥawīlā (Εὐειλάτ) umfliesst (Gen., 2, 11), mit dem Wehrot und dem Indus oder Ganges. Vgl. unsern Geographen, p. 43 : «Und Ptlomēos zeigt, dass es 7 Flüsse gibt mit eigenen Namen, die vereinigt Pison heissen, bei den Gymnosophisten... Und die Perser nennen sie das Volk *Šamn* und *Bramn.*» Evilat wurde schon frühzeitig mit dem Lande der Gymnosophisten gleichgesetzt...». — Cf. H. Hübschmann, *Armenische Grammatik*, t. I, p. 84.

Or, quoique Smbat, c'est-à-dire Xosrov Šnum, lui envoie l'ordre de fuir, lui, ne voulant pas suivre cet ordre, gagne la bataille contre eux; mais ceux-ci battent les soldats persans et mettent en fuite Datoyean. Et se répandant en bandes pillardes, ils firent irruption jusqu'aux confins de Ṙeh et du canton d'Aspahan. Ils ravagèrent tout le pays et revinrent à leur campement. L'ordre étant arrivé du grand Xakhan à Čembux [1], ils traversèrent le fleuve [2] et revinrent chez eux. Ensuite un envoyé de la cour arriva pour faire une enquête sur Smbat et Datoyean; [c'était] un naxarar en chef, dont le nom était Šahrapan Bandakan. Tout le reste de l'armée justifia Smbat; Datoyean, conduit à la cour et enchaîné, fut mis à mort par [ordre du] roi. Alors Smbat rassemble les soldats, réunit et arme d'autres troupes nombreuses pour l'assister et il marche contre la nation des Khušans et le roi Hephthalite [3]. Celui-ci part contre lui avec de grandes forces; ils arrivèrent au lieu du combat et se rangèrent en bataille les uns contre les autres. Alors, le roi des Khušans envoie un messager à Smbat et [lui] dit : «A quoi bon faire la guerre ainsi en grand nombre et épuiser nos armées? En quoi connaîtra-t-on par là ma vaillance et la tienne? Viens, moi et toi nous nous battrons seuls. Je serai le champion de mon côté, et toi du tien. Et aujourd'hui tu connaîtras ma bravoure.» [Smbat] mettant la main sur sa poitrine, dit : «Je suis prêt à mourir.» De part et d'autre, ils se ruent l'un sur l'autre avec une grande fureur et arrivent en face l'un de l'autre; entre les deux fronts de bataille, ils luttèrent et, pendant un temps, ne purent se vaincre l'un et l'autre, car tous deux étaient des hommes forts et solidement armés. Par un secours d'en haut, la lance de Smbat déchire la cote de mailles et l'armure solide du roi des Khušans; il le frappe de toutes ses forces et le renverse par terre. Les soldats du roi, le voyant ainsi, furent épouvantés et

[1] Le général en chef des Turcs; cf. J. Marquart, *Ērānšahr*, p. 66, 247.

[2] Le Vehpot ou Oxus.

[3] Qui est aussi appelé roi des Khušans. Cf. J. Marquart, *Ērānšahr*, p. 66.

se mirent à fuir; ceux [de Smbat] les poursuivirent et arrivèrent, en pillant, jusqu'à Bahl Šahastan des Khušans, ravageant tout le pays, Har et Vatagês[1], tout le Toxorostayn et le Talakan. ils s'emparèrent de nombreuses forteresses, les démolirent, puis revinrent en grande victoire, avec beaucoup de butin et ils allèrent habiter dans les cantons de Marg et de Margpot[2].

Alors les messagers de bonne nouvelle arrivèrent en hâte auprès du roi Xosrov et racontèrent en détail les exploits accomplis. Le roi Xosrov éprouva une grande joie et ordonna de parer un grand éléphant et de l'amener dans la salle de réception[3]. Puis il donne l'ordre de faire monter dessus Varaztiroch, fils [de Smbat], que le roi appelait Džavitean Xosrov[4]. Il commande de distribuer des trésors à la foule et il écrit à [Smbat] un décret de grande satisfaction, l'invitant à sa cour [pour y être reçu] en grand honneur et magnificence.

CHAPITRE XIX.

Smbat meurt en temps de paix. Les naxarars d'Arménie s'insurgent contre les Perses et se mettent au service du Xakhan, roi du Nord.

Lorsque [Smbat] ne fut plus qu'à une étape de la cour royale, le roi donna l'ordre à tous ses naxarars et à ses soldats d'aller au-devant de lui; il ordonna également aux auxiliaires de lui conduire un cheval de l'écurie royale, avec un harnachement royal. [Smbat] se présenta ainsi devant le roi en grande pompe et magnificence.

(1) Le texte porte զՀարև և զՎատագէս qu'il faut lire *z-Harev z Vatagês*. Հրև, *Hrev*, ville et pays, actuellement *Herat;* cf. H. Hübschmann, *Arm. Gramm.*, I, p. 48 et J. Marquart, *Ērānšahr,* p. 76 et suiv.

(2) Merw er-roud et Merw esch-Schahidjân; cf. Barbier de Meynard, *Dictionnaire géographique... de la Perse...*, p. 525 et suiv., et H. Hübschmann, *Arm. Gramm.*, I, p. 51.

(3) Դահլիճ (dahlič), παστοφόριον, Zelle, Halle, Vorhalle; cf. H. Hübschmann, *Arm. Gramm.*, I, p. 133.

(4) «Éternel-Xosrov», titre honorifique donné à Varaztiroch par Xosrov II. Cf. H. Hübschmann, *Armenische Gramm.*, I, p. 68.

[Le roi] le voyant, le reçut avec joie, et étendit vers lui sa main; [Smbat] la baisa et se prosterna. Alors le roi lui dit : «Tu as agi avec loyauté, et nous sommes très content de toi; désormais, ne te fatigue plus à faire la guerre; reste ici près de nous; prends, mange et bois, et partage notre joie.» Il était le troisième naxarar dans le palais du roi Xosrov. Peu de temps après, il mourut, la 28e année du règne [de Xosrov[1]]. Quant à son cadavre, on le transporta en Arménie, dans son propre caveau; on le déposa dans une tombe, au village de Dariwn[2], dans le canton de Gogovit[3].

Ensuite [les Arméniens?] s'insurgèrent et allèrent se mettre au service du grand xakhan, roi des régions du Nord, conduits par Čepetux le Chinois[4]; puis, se rendant de l'est vers l'ouest, dans les régions septentrionales, ils se mêlèrent aux soldats de ce Čepetux, sur l'ordre de leur roi le xakhan. Sortant avec une grande multitude de soldats par la porte de Čor[5], ils se portèrent au secours de l'empereur des Grecs[6].

(1) «Sempad, après avoir rendu de nouveaux services au roi de Perse dans ses guerres contre les peuples du Turkestan, mourut, en 601, à Madaïn, capitale de la Perse, d'où on le transporta en Arménie, à Tarouk'h, dans la province de Gok, pour le déposer dans le tombeau de ses aïeux.» Cf. J. Saint-Martin, *Mémoires historiques et géographiques sur l'Arménie*, I, p. 333. En 617, d'après Patkanian, *Journal asiatique*, 1866, I, p. 196.

(2) Nommé aussi *Tarounkh*, ancienne forteresse de la province de Gok. Pour les variantes de ce nom, cf. J. Saint-Martin, *op. cit.*, II, p. 461, n. 50.

(3) Un des 19 cantons de la province Ararat. Cf. J. Saint-Martin, *op. cit.*, II, p. 367.

(4) Ճենաստան signifie proprement la Chine; cf. H. Hübschmann, *Arm. Gramm.*, I, p. 49.

(5) Connue aussi sous le nom de Porte de Derbend et qui se trouve à l'endroit où le Caucase aboutit à la Caspienne. Langlois (*Collection des historiens... de l'Arménie*, t. II, p. 114, n. 7) identifie ce défilé avec la Porte des Alains, que Saint-Martin (*Mémoires...*, t. II, p. 193-194) identifie avec la *Porte de Dariel*, les *Portes caucasiennes* ou *Portes caspiennes*, «défilé situé au milieu du mont Caucase et qui donne entrée dans la Géorgie». Pour plus de renseignements, cf. J. Marquart, *Ērānšahr*, *s. v.* C'est là, d'après la légende, qu'Alexandre aurait fait construire une porte de fer, connue aussi sous le nom de Porte des Huns. Cf. *Extraits de la chronique de Maribas Kaldoyo...*, dans *Journal asiatique*, mai-juin 1903, p. 532, n. 2.

(6) C'est le seul endroit où Sebēos parle des secours que les Khazars fournirent à Héraclius lors de sa guerre contre Xosrov II. Cf. Patkanian, *Journal asiatique*, 1866, p. 196, n. 4.

CHAPITRE XX.

Insurrection du grand patrice Atat Xorxoṙuni; sa mort.
Les sahmanakals des Perses et des Grecs.

Et maintenant, que dirai-je de la nouvelle insurrection d'Atat Xorxoṙuni? Il était grand patrice; pour cette raison, le roi ordonna de le mander au palais; il s'y rendit avec 70 hommes; [le roi] l'honora beaucoup, lui et ceux de sa suite, et lui fit une réception comme il convenait. Il lui donna des vases en or et en argent et beaucoup de trésors.

Puis il lui ordonna d'aller à Thirak[1] rejoindre son armée; [Atat] prit congé du roi et partit. Pendant qu'il était en route, il conçut le projet de se révolter et de se rendre auprès du roi de Perse. Après s'être détourné de son chemin, il alla au bord de la mer où il rencontra un navire; il dit aux marins : « Passez-moi de l'autre côté, car je suis envoyé par le roi pour une affaire importante. » Il gagna quelques marins, qui le firent passer et il partit rapidement; il fit diligence et arriva en Arménie. Personne ne savait le chemin qu'il prendrait, jusqu'à ce qu'il fut éloigné de la mer de plusieurs étapes. Lorsqu'on sut où il allait, les armées de quelques villes s'opposèrent à lui, mais elles ne purent l'arrêter; il leur livra bataille huit ou dix fois sur sa route et fut toujours victorieux. Quoique le nombre de ses soldats diminuât, il arriva tout de même rapidement à Naxčawan[2]. Les Perses le reçurent et il se fortifia dans la forteresse. Alors le stratelat[3] rassembla toutes ses troupes et alla investir et assiéger la forteresse.

Le roi Xosrov, l'ayant appris, envoya contre eux Parsayenpet avec l'armée; lorsque celle-ci fut arrivée, [les soldats du stratelat]

[1] Le texte porte bien ի Թիրակ (à Thirak), probablement *en Thrace*.

[2] Cette ville renferme le tombeau de Noé. Cf. Saint-Martin, *Mémoires... sur l'Arménie*, II, p. 423.

[3] Il s'agit probablement de Nersès Stratelat de Syrie, un des généraux envoyés par Maurice au secours de Xosrov. Cf. Patkanian, *Journal asiatique*, 1866, p. 193.

quittèrent le siège de la ville et s'en allèrent. [Atat] se hâta d'aller chez le roi de Perse, qui le reçut amicalement, l'honora beaucoup, lui donna des trésors et lui assigna un traitement sur le trésor royal.

Un an après, Maurice mourut[1] et Phocas régna. Alors [Atat] conçut le projet de se révolter et d'aller chez l'empereur des Grecs; il commença à préparer des chevaux arabes et à tenir prêt l'équipement; puis il engagea auprès de lui des brigands. Le roi l'apprit; il ordonna de lui lier pieds et mains et de le faire périr sous les coups.

Voici les [noms des] sahmanakals du royaume de Perse, l'année [où fut rétablie] la paix en Arménie, à Dwin : Vəndatakan[2], Nixawrakan[3], qui fut tué par l'armée persane à Dwin (et celle-ci, après s'être révoltée, était allée à Gelum). Ensuite Merkut[4], Yazdên[5], Butmah[6], Yemann[7]; du côté grec, d'abord le patrice Jean, ensuite Herakł[8] et le général Surên. [Et ceci] pendant les treize années que dura la paix.

L'empereur promulgua cet édit : « Il me faut 30,000 cavaliers, comme tribut [prélevé] sur l'Arménie; or, il faut que 30,000 familles se réunissent et qu'elles s'établissent en Thrace. » Il envoya

(1) En 602; il s'enfuit de Constantinople le 23 novembre et fut décapité par ordre de Phocas, au port d'Eutrope, près de Chalcédoine, le 27 novembre. Cf. de Muralt, *Chronogr. byz.*, I, p. 262-263.

(2) Cf. H. Hübschmann, *Arm. Gramm.*, I, p. 85.

(3) Le texte porte Նիխաւրականն, qu'il faut lire Nixorakan, d'après le nom de famille Նիխոր = Nixor. Cf. H. Hübschmann, *Arm. Gramm.*, I, p. 57.

(4) Merkut est une corruption de Merakbut, d'après H. Hübschmann, *op. cit.*, I, p. 53, d'une racine persane inconnue.

(5) De la racine Յազդ *Yazd*, (Horn, Sieg) qui entre dans la formation des mots Yazdegird, Yazdpanāh, etc. Cf. H. Hübschmann, *op. cit.*, I, p. 55.

(6) H. Hübschmann (*Arm. Gramm.*, I, p. 33) rapproche ce mot de *Māhbūt* en proposant comme explication une métathèse. Cf. Μεβώδης, [illegible], dans Tab. Nöld., p. 260.

(7) Texte : Յեմանն = Yemann; dans l'éd. Patk., p. 34, le gouverneur mentionné après Butmah porte le nom de Հոյիմանն = Hoyimann, aussi inexplicable que le premier.

(8) Forme arménienne du mot Héraclius; il s'agit ici du père de l'empereur Héraclius, commandant de la province d'Égypte.

Priskos en Arménie à cet effet, tandis que le bruit d'une grande insurrection arrivait [au roi]. Et Priskos partit en toute hâte.

CHAPITRE XXI[1].

Meurtre de l'empereur Maurice. – Avènement de Phocas. – Révoltes du général Héraclius à Alexandrie et du général Nersès dans la Mésopotamie syrienne. – Siège d'Édesse par les Grecs; siège de Dara par Xosrov. Celui-ci rassemble des troupes en Arménie et met à leur tête le seigneur Džuan Veh. Il marche contre Édesse et prend avec lui Théodose: puis il revient pour détruire Dara. – Prise d'Édesse par les Grecs: le général Nersès est mis à mort.

La quatorzième année du règne de Xosrov[2] et la vingtième du règne de Maurice, l'armée grecque, qui se trouvait en Thrace, se révolta contre l'empereur et se donna pour roi un certain Phocas. Toutes les troupes marchèrent d'un commun accord sur Constantinople, firent mourir l'empereur Maurice et ses fils, et placèrent Phocas sur le trône impérial; puis elles retournèrent en Thrace pour y combattre l'ennemi.

L'empereur Maurice avait un fils nommé Théodose. Le bruit se répandit dans tout le pays que Théodose avait échappé au massacre et s'était réfugié auprès du roi de Perse[3].

Il y eut alors de grands troubles dans l'empire romain, dans la capitale, à Alexandrie d'Égypte, à Jérusalem, à Antioche. Partout on prenait les armes pour s'entre-tuer.

L'empereur Phocas donna l'ordre de mettre à mort tous les rebelles, qui refusaient de reconnaître son autorité. Il y eut de nombreux massacres dans la résidence impériale. Puis Phocas[4] envoya

[1] Pour tout ce qui concerne ce chapitre, cf. Tab. Nöld., p. 290 et suiv.

[2] En novembre 602. Mais la guerre ne commença que pendant l'été 604.

[3] Nöldeke (Tab. Nöld., p. 290, n. 2) croit que Théodose a vraiment été mis à mort et que Xosrov avait à sa disposition un prince qui était censé le représenter.

[4] Ce passage, renferme des erreurs au point de vue historique. Xosrov, en apprenant la mort de Maurice, pour venger sa mort, rompit la paix qui existait avec Byzance; d'après Tabari, il prit le fils de Maurice, le couronna et il envoya avec lui trois généraux. Le premier s'appelait Romiuzân; il alla en Syrie, soumit le pays et atteignit Jérusalem. Cette prise de Jérusalem et l'envoi de la Croix à Xosrov eut lieu en juin 614. Cf. Tab. Nöld., p. 290-291 et les notes.

un seigneur nommé Bonos[1] avec une armée contre les villes d'Antioche et de Jérusalem, et contre d'autres lieux. Celui-ci partit, châtia par le glaive Antioche et Jérusalem, et ruina nombre de villes de la région.

Ce fut alors que se révolta contre Phocas le général Héraclius[2] qui occupait avec son armée le territoire d'Alexandrie; il s'empara par la force du pays d'Égypte. Du côté de la Syrie, le général Nersês, qui commandait dans la Mésopotamie syrienne, en fit autant; il entra avec son armée dans la ville d'Édesse[3] et en prit possession. Mais une autre armée qui avait marché contre lui vint assiéger la ville et le tint bloqué avec ses troupes[4].

Lorsque le bruit de ces événements parvint au roi Xosrov, il réunit toutes ses forces et se dirigea vers l'occident[5]; arrivé à la ville de Dara, il l'investit, l'assiégea et se mit à diriger des attaques contre elle. Il envoya des troupes en Arménie, en leur donnant pour chef un grand seigneur nommé Džuan Veh. Puis le roi Xosrov divisa son armée en deux corps; il laissa le premier autour de la ville de Dara, et marcha lui-même avec le second contre l'armée qui bloquait et assiégeait Édesse. Étant tombé sur l'ennemi au point du jour, tout à fait à l'improviste, il en tua un certain nombre et mit les autres en fuite. [Parmi ces derniers], les uns se réfugièrent sur le fleuve Euphrate et périrent[6]; les autres

[1] Ce Bonos est, selon toute apparence, le patrice Bonus à qui Héraclius confia la ville de Constantinople, lorsqu'il partit pour la guerre de Perse, le 5 avril 622. Cf. de Muralt, *Chronogr. byzant.*, I, p. 277.

[2] Héraclius, père de l'empereur du même nom, se révolta parce qu'il se refusait à reconnaître le nouveau gouvernement de Phocas.

[3] L'évêque de cette ville, Sévère, fut lapidé pour avoir voulu s'opposer à la révolte. Cf. Lebeau, X, p. 419.

[4] Phocas envoya une armée sous le commandement de Germain pour assiéger Édesse et en faire sortir Nersês. Cf. Lebeau, X, p. 419.

[5] Sur les campagnes de Xosrov et de ses généraux, cf. Lebeau, X, p. 418 et suiv.; Tab. Nöld., p. 290 et suiv.

[6] D'après Théophane, cité par Saint-Martin dans Lebeau, X, p. 420, n. 2, la rivière près de laquelle fut livrée cette bataille se nomme Arzamon : Ὁ δὲ Χοσρόης σὺν τοῖς Ῥωμαίοις γίνεται εἰς τὸ Ἀρζαμοῦν. L'Arzamon prend sa source dans les montagnes qui s'étendent au nord de Nisibe et de Dara. Cf. Lebeau, X, p. 233, 2. n.

se retirèrent en pleine déroute. Puis le roi Xosrov se présenta devant la porte de la ville, demandant qu'on lui ouvrît, et qu'on le laissât entrer; ce qui fut fait. Nersês, qui avait paré un jeune homme de vêtements royaux et lui avait mis une couronne sur la tête, l'amena alors devant le roi et lui dit : « Voici Théodose, le fils de l'empereur Maurice; sois pour lui miséricordieux, comme son père le fut jadis pour toi. »

Le roi Xosrov l'accueillit avec une grande joie; puis il retourna à Dara, gardant auprès de lui le jeune homme auquel il faisait rendre des honneurs royaux. Il resta devant Dara un an et demi. Enfin, les Perses creusèrent une mine sous le rempart, le renversèrent, et, après s'être emparés de la ville, ils firent passer tous les habitants au fil de l'épée. Puis, emportant le produit du pillage, ils s'en retournèrent à Tizbon, car l'armée de Xosrov était fatiguée et démoralisée par [la longueur du] siège [de Dara].

Une autre armée grecque arriva devant la ville d'Édesse, l'attaqua et la prit. Nersês, fait prisonnier, fut mis à mort et son sang répandu [1].

CHAPITRE XXII.

Les Perses battent les Grecs dans la plaine de Širak, puis dans le [canton de] Całkotn. Théodose Xorxoṗuni se rend et livre la forteresse aux Perses; sa mort.

Džuan Veh, envoyé en Arménie avec son armée [2], arriva dans le pays d'Ararat et dans la ville de Dwin; il y prit ses quartiers d'hiver et laissa reposer ses troupes jusqu'au printemps.

De leur côté, les Grecs avaient aussi réuni une armée et s'étaient concentrés dans le bourg d'Ełevard, où l'armée des Perses vint les attaquer. Le combat se livra dans la plaine d'Ełevard et les Perses subirent une sanglante défaite : leur général fut tué dans la

[1] D'après Lebeau, t. X, p. 419-420, Phocas envoya le chef de ses eunuques, Léonce, faire le siège d'Édesse : Nersês aurait eu peur et se serait enfui d'Édesse à Hiérapolis pour s'y mieux défendre.

[2] En 603 ou 604.

bataille et ceux qui avaient échappé au massacre furent mis en fuite et poursuivis. Les Grecs emportèrent le butin pris dans le camp des Perses et retournèrent dans le leur, situé au bord de la rivière, qu'on appelait Hopomoch marg[1] (pré des Romains).

L'année suivante, pendant que Xosrov assiégeait Dara, une nouvelle armée persane envahit l'Arménie, sous le commandement de Datoyean[2]. Les troupes grecques se réunirent dans la plaine de Širak, dans le village de Širakawan, s'y établirent et y restèrent quelques jours. Épuisées déjà par la guerre civile, elles redoutaient l'attaque de l'ennemi étranger. L'armée perse arriva sur elles avec la rapidité de l'aigle qui fond sur sa proie. Les Grecs abandonnèrent alors leur camp et passèrent de l'autre côté de la rivière, dans une plaine nommée Akanich, où ils furent suivis et rejoints par les Perses. Le combat s'engagea au village de Getik. Or, pendant que les Perses rangés en bataille marchaient pour se rapprocher de l'ennemi, un grand nombre de jeunes gens sortis de la forteresse d'Erginay, où s'étaient réfugiés les habitants du pays, tombèrent sur leurs derrières avec des faux et des instruments tranchants[3], et leur causèrent un grand dommage. Puis, laissant les blessés sur le terrain, ils rentrèrent dans le fort avec le butin qu'ils avaient fait.

Cependant [les Perses] livrèrent bataille, et l'armée grecque prit la fuite devant eux. Ils la poursuivirent en massacrant ceux qu'ils atteignirent, et semèrent de cadavres les plaines et les chemins. Bien peu de Grecs parvinrent à se s'enfuir. [Les Perses] ramassèrent alors le butin et rentrèrent dans leur camp. Mais, lorsqu'ils s'aperçurent du mal qu'on leur avait fait, ils se jetèrent en masse sur la forteresse et la prirent. Une partie de la garnison

(1) Marg (*մարգ*) « prairie », mot iranien qui a aussi passé en syriaque (מרגא) et en arabe; ar. *mardj*, comme nom de lieu, est très commun; voir H. Hübschmann, *Arm. Gramm.*, I, 193.

(2) Cf. Nöld. *Stud.*, I, 11, 18, *s. v.* Δαδώης.

(3) Le texte (éd. Patkan., p. 74, l. 5) porte *գերանդաւք և սրխանաւք*. Le mot *սրխան* ne figure pas au dictionnaire; il doit dériver du verbe *սրել* « aiguiser, affûter ».

fut passée au fil de l'épée; d'autres, affolés de crainte, se précipitèrent du haut des murailles; quelques-uns, sortant par une porte qui donnait du côté de la rivière, parvinrent à s'échapper; tout le reste fut emmené en captivité. Ce jour-là, furent pris dans la forteresse [les habitants de] trente-trois villages. [Les Perses] enlevèrent tous les captifs indistinctement, et, prenant avec eux les dépouilles du pays, ils s'en retournèrent dans l'Atrpatakan.

Puis vint Senitam Xosrov[1]. L'armée grecque réunie campait dans le canton de Całkotn, près du village d'Angłn, par lequel passe le fleuve Aracani[2]. Elle avait détruit un côté du village, et s'était entourée d'une ligne de retranchements. C'était Théodos Xorxoṙuni qui la commandait. L'armée perse vint dresser son camp dans le voisinage des Grecs, les prenant à revers. Ceux-ci, effrayés, commencèrent à engager des pourparlers pacifiques; ils ne voulaient pas combattre, disaient-ils, mais quitter la forteresse et s'en aller en paix. Puis, d'un commun accord, ils ne tinrent pas leur parole, et, pleins de confiance dans la force de leurs position, songèrent à tenter quelque chose. Mais, dès le lendemain, l'armée perse les attaqua, lorsque aucun d'eux n'avait encore revêtu son armure ni sellé son cheval. Et si quelqu'un s'armait ou sellait son cheval, les valets des chefs arrivaient qui lui arrachaient l'armure, la jetaient par terre, et le maltraitaient horriblement; en même temps, ils coupaient avec leur épée les sangles des chevaux.

Cependant l'armée persane était venue se ranger en face des Grecs, à petite distance, du côté de la plaine; ses archers avaient commencé à tirer et, vidant leurs carquois sur l'ennemi, ils perçaient à la fois de leurs flèches hommes et chevaux. Ces derniers, attachés aux mangeoires à l'entrée des tentes, se cabraient, [brisaient leurs liens], foulaient aux pieds et écrasaient les tentes et

[1] Général persan sous Xosrov II. Cf. H. Hübschmann, *Armen. Gramm.*, t. I, p. 73.

[2] Cf. Pseudo-Callisthène, p. 89, 31, et A. Baumgartner, *Ueber das Buch «Die Chrie»*, p. 504.

tout se qui se trouvait dans le camp. Les Perses forcèrent alors le retranchement, pénétrèrent dans le camp, et un horrible massacre commença; mais les Grecs, s'étant ouvert un passage, les uns à pied, les autres montés à poil [1] sur des chevaux, sortirent et prirent la fuite. Thêodos Xorxoρuni se réfugia dans la forteresse, et les Perses passèrent cette nuit-là dans le camp des Grecs. Au matin, ceux-ci envoyèrent demander qu'on les laissât évacuer la forteresse et s'en aller avec leurs biens et tous leurs équipages. Les Perses y consentirent, et le troisième jour ils ouvrirent la porte et sortirent tous pour s'en aller, selon la parole donnée. Mais le général perse fit appeler Thêodos Xorxoρuni et lui dit : «Je n'ai pas le droit de te laisser aller sans un ordre royal. Je vais donc te faire conduire à la Porte et j'écrirai en ta faveur une lettre de recommandation au roi, lui disant comment tu as agi en loyal et fidèle sujet, lorsque tu as livré de la manière que nous savons l'armée grecque entre nos mains. J'ajouterai comment tu nous a rendu la forteresse sans qu'il nous en coûtât aucun effort, et comment tu es venu de ton plein gré faire ta soumission avec les tiens». Il écrivit en effet dans ce sens et fit conduire [Thêodos] à la Porte, où le roi Xosrov le reçut avec bonté et lui accorda sur le trésor royal une pension et de l'argent pour son vêtement. Mais au bout d'un certain temps, il lui vint le soupçon que [Thêodos] le trompait, et il ordonna de le mettre à mort.

Quant au général persan, il établit un gouverneur dans la forteresse d'Angl, réunit ses troupes et, pénétrant plus avant, soumit le pays. Il eut encore à livrer une autre bataille dans le pays de Basean; il battit les Grecs, les chassa devant lui, les mit en fuite et les rejeta sur leur territoire. Il prit les villes d'Angl, de Gaylatukh, d'Erginay et, dans le Tarayin (Taron), la ville de Cxnkert [2]. Puis, sur un ordre du roi, il s'en retourna.

[1] Peut-être, au lieu du texte յանկուշմուշի, faut-il lire un mot comme : յանկապզի?

[2] Le texte porte : և ի Տարային գաւառն Ծխնկերտի qu'il faut peut-être lire : Տարօնի... Ծխնկերտ.

CHAPITRE XXIII.

Xosrov envoie le général Eρazman Xoρeam dans l'Asorestan avec une nombreuse armée, et en Arménie Aštat Yeztayar, accompagné de l'empereur Théodose. – Toute la Mésopotamie se soumet à Eρazman Xoρeam. – Aštat livre bataille aux Grecs et soumet le canton de Karin. – Šahên remporte la victoire sur les Grecs. – Les habitants de Karin sont transportés à Ahmatan Šahastan. – Mort des deux catholicos. – Vasak Arcruni est tué.

Le roi Xosrov revint alors de Dara, et fit de nouveau reposer ses troupes; il en leva et rassembla d'autres en grand nombre[1]. Puis il envoya du côté de l'Asorestan une armée nombreuse et très puissante, sous les ordres du général Xoρeam, titré Eρazman[2]. Voici les instructions qu'il lui donna : « Accueille avec bienveillance ceux qui viendront faire leur soumission; garde-les en paix et en prospérité. Mais ceux qui résisteront et voudront combattre, tu les feras périr par l'épée. » Il envoya aussi dans le pays d'Arménie Aštat Yeztayar avec une grande armée, à laquelle il attacha l'empereur Théodose, le prétendu fils de Maurice.

Xoρeam, accompagné de sa nombreuse armée, partit pour l'Asorestan, pénétra dans la Mésopotamie syrienne, mit le siège devant Édesse et attaqua la ville[3]. Effrayés de la supériorité des forces de l'ennemi et ne voyant pas d'où pourrait leur venir la délivrance, les habitants firent des propositions de paix et demandèrent que les Perses s'engageassent par serment à ne pas détruire leur ville. Puis ils ouvrirent les portes et firent leur sou-

(1) En 604 ou 605. Cf. Patkanian, *Journal asiatique*, 1866, p. 197.

(2) Tabari nomme ce premier général Romiuzân, qui se rendit en Syrie, pénétra en Palestine et s'empara de Jérusalem. Ce *Romiuzân* est le *Romîzân* de Barhebraeus et le Ῥουσμιάζαν de Theophane. Il est identifié avec Sahrbarâz (Σαρβαρός ou Σαρβαραζᾶς des auteurs grecs), qui s'empara en effet de Jérusalem en juin 614, sous le patriarcat de Zacharie. Cf. Patkanian, *Journal asiatique*, 1866, p. 197; Tab. Nöld, p. 290-291 et H. Hübschmann, *Arm. Gramm.*, I, p. 69, *s. v.* Ռազմիոզան.

(3) Cf. Patkanian, *Journal asiatique*, 1866, p. 198. Rubens Duval, *Histoire d'Édesse*, p. 223, n. 2, cherche à établir que la vraie date de la prise d'Édesse est 609.

mission. Amith, Thela, Ṙašayenay[1] et toutes les villes de la Mésopotamie syrienne firent de même; elles se soumirent volontairement et furent maintenues en paix et en prospérité. [Xoṗeam] s'étant avancé jusqu'à Antioche, les habitants se soumirent aussi de leur plein gré, ainsi que beaucoup d'autres villes et leurs habitants qui cherchaient à fuir l'épée de Phocas.

Aštat Yestayar pénétra en Arménie la dix-huitième année du règne [de Xosrov][2]. Les Grecs rassemblèrent leur armée dans le canton de Basean, marchèrent contre lui et l'attaquèrent avec vigueur. Un grand combat eut lieu à Du et à Ordru[3], dans lequel les Grecs éprouvèrent une sanglante défaite. Un grand nombre d'entre eux périt dans la bataille; on ne pouvait compter les morts étendus dans la plaine. [Aštat] les poursuivit jusqu'à Satał[4], et lui-même[5] vint mettre le siège devant la ville de Karin. Il commença l'attaque, mais les assiégés résistaient de leur mieux, et les assiégeants éprouvaient des pertes sensibles. Ce fut alors que l'empereur Théodose s'approcha de la ville et dit aux habitants : « Je suis votre roi. » Ils consentirent à ouvrir; les chefs de la ville sortirent et se présentèrent à lui; puis, quand ils furent rentrés, ils persuadèrent à leurs concitoyens que c'était bien Théodose, le fils de Maurice. Ils ouvrirent donc les portes de la ville et firent leur soumission. Aštat y laissa une garnison, et alla prendre les villes de Dzithaṗič[6], dans le Hašteankh, de Satał, d'Aṗastiay et de Nikopolis. Puis il s'en retourna.

(1) Cf. Marquart, *Ērānšahr*, p. 141, s. v. Rašaina, ville près de laquelle le fleuve K'aboran prend sa source. Le Khâbour prend sa source à plus de 100 kilomètres de Ras-el-'Aïn. Cf. également Ras el-'Aïn et Resen dans *Extraits de la chronique de Maribas Kaldoyo*, in *Journal asiatique*, mai-juin 1903, p. 27-28.

(2) En 607-608.

(3) Le texte porte : և Ցորդրու qu'il faut lire : և յՈրդրու, comme l'a déjà vu Patkanian.

(4) Est peut-être à identifier avec Satał. Սատաղ, une des subdivisions de la quatrième Arménie; ce nom commence à être en usage au début du VIIe siècle, sous le règne de l'empereur Héraclius. Cf. Saint-Martin, *op. cit.*, II, p. 311. Les habitants de Satał reconnurent le prétendu fils de Maurice. Cf. Tab. Nöld, p. 293, n. 1.

(5) Lui-même, c'est-à-dire Aštat Yeztayar accompagné de Théodose, le prétendu fils de Maurice.

(6) Sur le second terme առիճ ou առինճ,

Après lui vint Šahên[1] Patgosapan[2], qui laissa de côté la ville de Karin; et Šahrayeanpet[3] vint comme marzpan dans la ville capitale de Dwin. A son arrivée, Šahên rencontra des troupes grecques dans le canton de Karin. Il leur livra bataille, leur fit éprouver une sanglante défaite, les mit en fuite et les chassa du pays.

La vingt-unième année de son règne[4], Xosrov ordonna de déporter les habitants de la ville de Karin, et de leur assigner comme demeure la résidence royale de Ahmatan[5]. Le bienheureux vieillard, le catholicos Jean fut pris avec eux et emmené en captivité avec tous les vases sacrés de son église. Il mourut à Ahmatan et son corps fut rapporté au village d'Awan et déposé dans l'église que lui-même avait fait bâtir.

La même année mourut le bienheureux catholicos Abraham, auquel succéda sur le siège patriarcal Kumitas, évêque de Taron, originaire du village d'Ałchkh[6]. Sous son pontificat fut achevée la construction de l'église de Saint-Grégoire.

La vingtième année du roi Xosrov[7], Šahên se mit en campagne, dirigeant ses incursions du côté de l'occident, et parvint jusqu'à Césarée de Cappadoce. Ceux des habitants qui professaient la religion chrétienne quittèrent la ville et se retirèrent: mais les Juifs allèrent au-devant des envahisseurs et firent leur soumission. Šahên resta à Césarée pendant un an.

cf. Patkanian, éd. Sebêos, p. 200, *s. v.* Ջիթաբխ (*sic*), et H. Hübschmann, *Arm. Gramm.*, I, p. 113, *s. v.* Բաղպայտուխ. Après l'anéantissement du royaume des Hephthalites par les Turcs, un petit État subsista, sous le nom de *Jik-tah*: cf. J. Marquart, *Ērānšahr*, p. 240.

(1) Un des généraux de Xosrov II.

(2) Voir l'index et les références; sur le rôle exact de ce personnage, cf. particulièrement Tab. Nöld., p. 151, 152, 153, 290-292. Tabari insiste plus spécialement sur l'expédition de Šahên en Égypte et en Nubie.

(3) «In das Ostan von Dvin kam statt des *Šahrayanpet* der *ParsCanpet*... *Šahr-āyēn-pet* und *Pārs-āyēn-pet* von *Šahr* Land, Kreis, Persis, *āyēn* = Regel..., *pet* = chef.» Cf. H. Hübschmann, *Arm. Gramm.*, I, p. 59.

(4) en 610-611.

(5) Texte: յԱհմատան շահաստանի. Hamadan Schahastan = Ecbatane; cf. Patkanian, *Journal asiatique*, 1866, I, p. 198.

(6) Աղչք, cf. Indjidj, *Arm. anc.*, p. 440 d'après lequel ce village existerait encore sous le même nom.

(7) En 609-610.

[Les Perses] prirent Vasak Arcruni, fils de Sahak[1], prince des Arcrunis, et le crucifièrent devant la porte de la ville [de Césarée][2]. Il avait fait bien du mal à l'armée des Perses, et cependant ils déplorèrent tous sa mort à cause de son courage et de sa vaillance, et parce qu'il était vigoureux et de belle taille. De plus, il avait été élevé au milieu d'eux, recevant la même éducation qu'eux. Tel fut son sort.

CHAPITRE XXIV.

Héraclius se dirige sur l'Asorestan et marche contre les Perses. – Grande bataille près de la ville d'Antioche; défaite des Grecs. – La Palestine est soumise par les Perses. – Un gouverneur perse est établi à Jérusalem: il est tué. Les Perses font un grand massacre à Jérusalem et brûlent la ville. – Captivité de la Sainte Croix.

22e ANNÉE DE XOSROV; 1re D'HÉRACLIUS.

En ce temps-là, la vingt-deuxième année[3] du règne de Xosrov, Héraclius[4], qui commandait en Égypte, rassembla ses troupes, leur fit traverser la mer, arriva à Constantinople[5], et, après avoir tué Phocas[6], fit asseoir son fils Héraclius sur le trône impérial. Il rétablit la paix dans tout le pays.

(1) Sebêos ne parle nulle part ailleurs de Vasak et de Sahak Arcruni. Pour les formes Vasaces, Οὐασάκης et Βασσάκης, cf. H. Hübschmann, *Arm. Gramm.*, I, p. 80 et les références.

(2) Le texte porte : «On le fit mourir sur le bois». Il peut s'agir de la crucifixion, comme aussi de la pendaison.

(3) Héraclius fut proclamé le 7 octobre 610; Xosrov étant monté sur le trône en 590, l'avènement d'Héraclius correspond donc à la 21e année de son règne.

(4) C'est pour ne pas dérouter le lecteur que nous maintenons l'orthographe Héraclius, comme noms du père et du fils. Héraclius, commandant de la province d'Égypte, est orthographié par les auteurs arméniens Երակլ (Erakl) et l'empereur son fils se nomme généralement Հերակղոս (Hêraklos).

(5) Héraclius aborda au port de Sophie le 4 octobre 610. Cf. de Muralt, *Chronog. byz.*, I, p. 269.

(6) Phocas, après avoir fait emprisonner la mère et la fiancée d'Héraclius, fut vaincu et amené devant Héraclius par Probus et par Photius, dont il avait violé la femme. Il eut la main droite et la tête coupées; on brûla ensuite ses restes, le 6 octobre 610. Cf. de Muralt, *op. cit.*, I, p. 269.

Aussitôt couronné[1], Héraclius envoya des ambassadeurs avec de grands présents et des lettres auprès du roi Xosrov pour lui demander instamment la paix. Mais celui-ci ne voulut rien entendre et dit : « Cet empire est à moi, et j'y ferai régner Théodose, fils de Maurice. Héraclius est venu prendre la couronne sans mon autorisation, et ce sont mes trésors qu'il m'envoie en présent; mais je ne prendrai pas de repos que je ne le tienne en mon pouvoir. » Et après s'être emparé des trésors, il ordonna de mettre à mort les ambassadeurs, et ne fit aucune réponse aux propositions de l'empereur.

Héraclius[2] réunit alors ses forces, dressa son camp autour de la ville [de Césarée?] et arrêta les incursions des Perses. Puis il remit l'armée aux mains d'un korator[3], ordonna de faire bonne garde et retourna dans sa résidence.

Les [Grecs] assiégèrent la ville de Césarée pendant un an[4]. Les Perses souffraient du manque de nourriture et n'avaient plus de foin pour leurs chevaux. Mais lorsqu'on arriva aux chaudes journées de l'été et que la campagne se fut couverte d'herbe verdoyante, ils incendièrent la ville, sortirent et se frayèrent un passage de vive force, laissant derrière eux l'armée grecque battue et dispersée. Ils se retirèrent en Arménie où ils prirent leurs quartiers d'hiver[5].

Šahên fut immédiatement appelé à la Porte royale, et reçut l'ordre du roi de marcher de nouveau et sans retard du côté de l'Occident. Il prit donc son armée au retour de l'été et gagna d'abord la ville de Karin; de là il se dirigea vers Mélitène dont il s'empara et qu'il força de se soumettre; puis, poussant plus avant, il fit sa jonction avec l'armée de Xoρeam qui était du côté de la Pisidie et dans l'Ostan de Dwin.

(1) Héraclius fut couronné par le patriarche Serge le 6 octobre 610, à 9 heures, dans la grande église. Cf. de Muralt, *op. cit.*, I, p. 270.

(2) Le texte a Երակղն, c'est-à-dire l'orthographe du nom d'Héraclius le père; mais il semble qu'il s'agisse ici de l'empereur; la distinction orthographique en question n'est pas constante.

(3) Le curateur qui fut envoyé en Cappadoce était Priscus: il calomnia Héraclius; cf. de Muralt, *op. cit.*, I, p. 271. Il était patrice et comte des excubiteurs.

(4) Տարի մի; cf. Sebêos, éd. Patk., p. 78, l. 10.

(5) 611-612.

A la place[1] de Šahrayenpet[2] vint [comme marzpan] dans la ville capitale de Dwin Parseanpet Paršənazdat[3]; puis Namgarun Šonazp[4]; puis Šahraplakan[5], qui livra une bataille en Perse et fut victorieux; puis Ċpoè Vehan[6], qui poursuivit l'empereur Héraclius en Arménie jusque dans l'Asorestan, jusqu'au jour où il tomba, lui et toute son armée, dans une grande bataille livrée à Ninive.

Cependant l'empereur Héraclius mit à la tête de son armée un prêtre nommé Philippique; c'était ce même Philippique qui, gendre de l'empereur Maurice, avait longtemps commandé les armées et remporté mainte victoire[7], mais qui, un beau jour, encore du vivant de l'empereur Maurice, s'était imaginé de se faire raser les cheveux, de revêtir la prêtrise et de servir dans la milice de l'église. Héraclius, usant de contrainte à son égard, le nomma général et l'envoya dans les régions de l'Orient avec des troupes nombreuses. [Philippique] se dirigea vers Césarée de Cappadoce, entra en Arménie, dans la province d'Ararat et vint camper dans la plaine qui entoure la ville de Valaršapat. Mais aussitôt arriva un ordre du roi [de Perse], apporté en toute hâte par des courriers rapides, et enjoignant à ses troupes de marcher sur les Grecs et de détruire leur armée jusqu'au dernier homme. Les Perses se mirent donc en route, pénétrèrent à marches forcées dans la

(1) Ce qui suit semble être la continuation d'une source déjà vue p. 34 et 70, éd. Patk.

(2) Pour la variante Šahrayeanpet, cf. H. Hübschmann, *Arm. Gramm.*, I, p. 59.

(3) Général perse sous Xosrov II; correspond à פַּרְשַׁנְדָּתָא d'Esther, IX, 5. Cf. H. Hübschmann, *Armen. Gramm.*, I, p. 59 et 67.

(4) Général de Xosrov II. C'est le Nâmdâr-Gušnasp, fils de Âdhar-Gušnasp, de Tab. Nöld., p. 387-388 et n. 1.

(5) Général persan, le Σαρχβλαγᾶς de Theophane, p. 475 et s., qu'il ne faut pas confondre avec un autre général persan, Šahrwarâz, dont l'orthographe est des plus flottantes. Cf. Tab. Nöld., p. 292, n. 2.

(6) Ċpoè Vehan, général persan qui succomba à la bataille de Ninive. Hübschmann (*Arm. Gramm.*, I, p. 70) corrige ce nom en *Roč*-Vehan (Ռոճ Վեհան) et explique que «der eigentliche Name des Mannes war also pers. Rāhzāδ, sein Ehrenname *Rōzbihān*». Sur sa campagne en Assyrie, cf. Tab. Nöld., p. 294-296.

(7) Cf. de Muralt, *Chronogr. byz.*, I, p. 244-245. D'après ce même passage et d'après Le Beau, t. X, p. 198-199, Philippique serait le beau-frère de Maurice, puisqu'il avait épousé sa sœur aînée Gordia. Le mot arménien փեսայ = gendre et c'est ainsi qu'a compris Patkanian, dans *Journal asiatique*, 1866, I, p. 199.

province d'Ararat et vinrent camper sur les bords de l'Araxe. Leur intention était d'engager le combat dès le lendemain. Or, au même moment, Philippe[1] levait le camp pendant la nuit, se dirigeait vers le canton de Nig, et, passant derrière la montagne d'Aragac, il rentrait sur le territoire grec à travers les cantons de Širak et de Vanand, non loin de la ville de Karin.

Les Perses étaient harassés d'avoir fait une route longue et aussi précipitée; beaucoup d'hommes étaient morts en chemin; beaucoup d'autres, par suite de la perte de leurs chevaux, étaient obligés d'aller à pied. Ils ne purent donc se mettre rapidement à la poursuite des Grecs; ils prirent quelques jours de repos, puis, marchant à petites journées, ils passèrent dans l'Asorestan et regagnèrent leur ancien camp. De là ils se répandirent à droite et à gauche, dévastèrent et conquirent toute la région[2].

En ce temps-là[3], Héraclius fit couronner son fils Constantin, le confia au Sénat, le recommanda aux grands de son palais, et le fit asseoir sur le trône de son empire. Quant à lui, il prit le titre de chef de l'armée avec son frère Théodose, réunit des troupes nombreuses et passa en Asorestan, dans la région d'Antioche. Il y eut alors un grand combat en Asie, et le sang des guerriers fut versé à flots sous les murs d'Antioche. La mêlée fut terrible et accompagnée d'un effroyable massacre, et des deux côtés, la fatigue fit cesser le combat. Mais les Perses, s'étant renforcés, mirent en fuite les Grecs, les poursuivirent et remportèrent la victoire grâce à leur bravoure. Un autre combat eut lieu près du défilé qui donne accès en Cilicie. Les Grecs battirent en bataille rangée les Perses au nombre de huit mille hommes armés. Mais ils durent eux-mêmes se retirer et s'enfuir; les Perses reprirent le dessus; ils vinrent s'emparer de la ville de Tarse et de tous les habitants du district de Cilicie.

(1) Le texte porte ici *Philippos*, au lieu de la forme *Philipikos* du commencement de l'alinéa.

(2) Cette guerre dura à peu près sept ans. Cf. Patkanian, dans *Journal asiatique*, 1866, t. I, p. 199.

(3) En avril 622. Cf. de Muralt, *Chronogr. byz.*, I, p. 277, et Tab. Nöld., p. 294.

Alors toute la Palestine se soumit volontairement à la domination du roi des Perses; surtout les restes de la nation hébraïque, insurgés contre les chrétiens; par jalousie patriotique, ils commettaient de grands crimes et méfaits contre la communauté des ariens: ils allèrent et s'unirent [aux Perses?] faisant cause commune avec eux. Les troupes du roi des Perses campaient alors à Césarée de Palestine; leur général, Razmiozan[1], c'est-à-dire Xoρeam, dit aux Jérusalémitains que s'ils se soumettaient de leur propre gré, ils seraient conservés en paix et en prospérité.

D'abord, ils se soumirent tous ensemble et offrirent au commandant et aux princes de grands présents; puis, ayant demandé des ostikans fidèles, ils les établirent chez eux pour garder la ville. Quelques mois après, alors que toute la populace était réunie, les jeunes gens de la ville tuèrent les ostikans du roi des Perses, s'insurgèrent, et se dérobèrent à son service. Alors un combat eut lieu entre les habitants de la ville de Jérusalem, entre Juifs et chrétiens; la foule des chrétiens prit le dessus, elle frappa et extermina beaucoup de Juifs; les autres, sautant par-dessus les murailles, se rendirent auprès des troupes persanes. Alors Xoρeam, c'est-à-dire Ɜρazmiozan, rassemblant ses soldats, alla camper autour de Jérusalem, l'assiégea et, pendant dix-neuf jours, la maintint en état de siège. Ils sapèrent les fondements de la ville et démolirent la muraille; le dix-neuvième jour du mois de margach, qui était le vingt-septième jour du mois, l'an 25ᵉ de la royauté d'Apruêz Xosrov[2], dix jours après Pâques, les soldats persans s'emparèrent de Jérusalem[3]; pendant trois jours, ils détruisirent

(1) Cf. Tab. Nöld., p. 290-291.

(2) La correction proposée par Patkanian, *Journal asiatique*, 1866, I, p. 200, n. 1, se rapporte au texte de Sebêos de l'édition de Constantinople. Dans son édition de Sebêos (1879), le même savant a corrigé l'erreur du copiste (p. 82).

(3) Sur la prise de Jérusalem par les Perses en 614, il faut citer en premier Alph. Couret, *La Palestine sous les empereurs grecs* (326-636), Grenoble, 1869, p. 239-253, et surtout du même auteur, *La prise de Jérusalem par les Perses en 614*, Orléans, 1896. Le document arabe que M. Couret publie d'après la traduction de M. Broydé a été revu et commenté par M. Clermont-Ganneau, *Recueil d'archéologie orientale*, t. II, p. 137-

avec l'épée tous les habitants de la ville; ils s'y établirent et la livrèrent aux flammes. Puis ils donnèrent l'ordre de compter les cadavres de ceux qui avaient succombé; ce nombre s'élevait à 57,000; ceux qu'ils firent captifs, vivants, étaient de 35,000 hommes. Ils prirent aussi le patriarche Zacharie et le gardien de la croix et se mirent à les torturer après avoir recherché la croix vivifiante. Ils exterminèrent sur-le-champ la plupart des ministres [de l'Église] en leur coupant la tête. On leur montra l'endroit où était cachée [la croix], et, la prenant, ils l'emportèrent en captivité; puis ils rassemblèrent l'argent et l'or de la ville et les apportèrent à la Porte du roi[1]; celui-ci donna l'ordre d'avoir pitié des captifs, de reconstruire la ville et de les y rétablir chacun à sa place; il ordonna ensuite de chasser de la ville les Juifs; et l'on accomplit immédiatement l'ordre royal. Ils élurent sur la ville un

160, et t. III, p. 55-57. Cf. Fr. J. Rhétoré, O. P., *Revue biblique internationale*, 1897, p. 458-463, et S. Vailhé, *La prise de Jérusalem par les Perses en 614*, dans *Revue de l'Orient chrétien*, 1901, p. 643 et s. De Muralt (*Chronogr. byz.*, t. I, p. 272) fixe en juin 614 la prise de Jérusalem par les Perses, sous les ordres de Salbaras. Tab. Nöld., p. 291, n. 1, accepte la même date, en se basant surtout sur les données de la *Chron. Pasch.* Le récit de Thomas Arcruni (xe siècle) offre quelques divergences avec celui de Sebêos. «Enfin le dix-neuvième jour, qui était le 28 du mois de markats, la 25e année du règne de Khosrov, surnommé Perviz (Abérvêz), et dix jours après la Pâque, il se rendit maître de Jérusalem. Les Perses, ayant mis l'épée à la main, en exterminèrent tous les habitants. Après y être restés vingt-un jours, ils en sortirent pour aller camper hors des murs, et mirent le feu à la ville. L'ordre ayant été donné de compter les cadavres, on trouva qu'il avait péri 57,000 personnes.» Cf. Dulaurier, *Chronol. arm.*, p. 222. A la page suivante, Dulaurier discute la date du 28 de margach, qui correspondit cette année-là au 26 mai. Il maintient cette date comme se rapprochant le plus de celle fournie par la *Chronique Pasch.* Le même savant (*Chronol. armén.*, p. 356, n° IX, n. 3) rappelle que, d'après Sebêos, les Perses massacrèrent 17,000 personnes et firent 35,000 prisonniers. Ce renseignement est pris dans l'édition de Constantinople. Le mois de margach était le 11e de l'année arménienne.

[1] La sainte éponge et la sainte lance furent emportées à Constantinople et exposées dans la grande église. La sainte lance fut vénérée le mardi et le mercredi par les hommes, le jeudi et le vendredi par les femmes. Cf. de Muralt, *Chronogr. byz.*, I, p. 273. Cf. également F. de Mély, *Exuviæ sacræ constantinopolitanæ. La Croix des premiers croisés. La sainte lance. La sainte couronne.* Paris, 1904. In-8°, *passim.*

archiprêtre du nom de Modestos[1], qui écrivit à l'Arménie ce qui suit :

CHAPITRE XXV.

Lettre du prêtre Modestos au seigneur Kumitas. — Réponse du catholicos Kumitas à Modestos. — Reconstruction de l'église de Sainte-Hpiphsimay par le catholicos Kumitas.

AU SEIGNEUR KUMITAS[2].

«A mon très excellent et bienheureux Seigneur, au pieux Kumitas, archevêque et métropolite du pays d'Arménie, Modestos, humble prêtre et vicaire de Jérusalem.

«*Béni soit Dieu, le père de Notre-Seigneur Jésus-Christ, le père des miséricordes et le Dieu de toutes les consolations, qui nous a consolés* de sa puissante consolation *dans toutes nos afflictions*[3], par la venue de votre troupeau. Ne nous a-t-il pas en effet consolés par la venue de ceux-ci? D'abord en nous rappelant les précédents pèlerinages[4] qu'ils venaient faire aux saints lieux de Jérusalem, ensuite il nous a réjoui le cœur par leur venue. et nous avons reconnu que Dieu ne nous avait pas complétement rejetés. En effet, ce Dieu qui

[1] Modestos était abbé du monastère de Saint-Théodore. Un de ses premiers soucis fut de rétablir les lieux saints. Cf. Patkanian, *Journal asiatique*, 1866, t. I, p. 200, n. 3.

[2] Kumitas (Gomidas, Koumitas), «né à Alchich, dans le canton d'Aragacotn», occupa le catholicosat de 617 à 625. Cf. la liste des patriarches d'Arménie, dans Saint-Martin, *Mémoires*... t. I, p. 438.

[3] *II Cor.*, I, 3 et 4.

[4] Allusion au pèlerinage annuel que les pèlerins d'Orient font à Jérusalem à l'époque de Pâques. De nos jours encore cette coutume s'est pieusement conservée et quelques semaines avant Pâques les couvents prennent un aspect nouveau, dû aux préparatifs que l'on fait pour recevoir les pèlerins. C'est également ce que mentionne une inscription arménienne, cataloguée sous le n° 263 du musée du séminaire arménien de Jérusalem. L'intérêt qu'elle présente n'est pas suffisant pour l'éditer; voici ce qu'elle contient en essence : En 1163 (= 1716 de J.-C.), les pèlerins venant de Constantinople furent engloutis dans la mer, religieux et laïques, hommes et femmes; en commémoration, Krikor (Grégoire) le patriarche a fait ériger une croix pour le salut de leurs âmes; et grava cette inscription : que ceux qui la liront disent : Dieu ait pitié de leurs âmes! — Cette inscription est en bon état; il faut signaler néanmoins qu'elle est fendue par le milieu.

est nôtre, est parmi nous, nous montrant par ces choses ses grands [miracles] accomplis dès avant l'éternité jusqu'à présent. Bénissant sa force et ses miracles, disons avec Paul : *Ô Seigneur! que tes œuvres sont grandes! tu les as toutes faites avec sagesse*[1]. *En vérité, ses jugements sont impénétrables et ses voies sont incompréhensibles. Car, qui a connu la pensée du Seigneur, ou, qui a été son conseiller? Ou, qui lui a donné le premier, et il lui sera rendu? Car toutes choses sont de lui et par lui et pour lui: à lui la gloire dans tous les siècles! Amen*[2]. Or, comme il a changé en amis nos adversaires et qu'il nous à accordé sa pitié et sa miséricorde[3], devant tous nos tyrans, les meurtriers du Seigneur et les Juifs[4], qui pensaient, en torturant celui-ci, outrager une fois encore celui qui fut torturé pour nous[5], Notre-Seigneur Jésus-Christ, notre vrai Dieu; eux qui ont osé faire la guerre et qui ont brûlé cette place véritable, la clémence de Dieu a bien voulu les bannir de sa sainte ville de Jérusalem; eux qui désiraient s'en rendre les habitants, ils entendent [l'ordre] de ne plus y demeurer[6]; ils ne sont pas jugés dignes de voir la passion vénérable et adorable, ni le tombeau saint et qui a enfermé la vie, ni le saint Golgotha, glorieusement renouvelé[7]. [Car toutes ces choses] voient[8] que leur gloire leur est rendue, ainsi que l'office divin dans tout son éclat, et Sion, la mère des Églises, qui est réédifiée. En apprenant que tous ces endroits adorables sont restaurés, ils enragent de jalousie, non de la bonne jalousie, mais

(1) Ps., CIV, 24.

(2) *Rom.*, XI, 33-36. L'auteur, citant de mémoire, aura confondu avec un verset du psaume le commencement de la citation de Paul.

(3) Allusion à l'ordre royal qui enjoignait aux soldats persans de faire grâce aux chrétiens de Jérusalem, de rebâtir la ville et de laisser chacun dans sa position. Cf. Dulaurier, *Chronol. arm.*, p. 223.

(4) Le texte (éd. Patk., p. 84, l. 2) est inintelligible : *որ զարփրատպանութն և զհր-էայս*.

(5) Ce passage est très obscur et fait supposer une altération du texte.

(6) Les Juifs avaient d'abord pris parti pour les Perses et devinrent, au commencement, leurs protégés; mais ils furent bientôt expulsés de Jésusalem : ils tuèrent 9,000 chrétiens avant et pendant le siège. Cf. de Muralt, *Chronogr. byz.*, t. I, p. 272.

(7) Renouvelé par les soins de Modestos lui-même.

(8) M. Meillet nous signale que Patkanian déclare dans sa traduction russe cette phrase inintelligible.

de la jalousie innée de leur ancêtre Caïn. Ils demandèrent à plusieurs reprises, en faisant de grands cadeaux, la permission de rentrer dans la ville sainte; mais ils n'en ont pas été jugés dignes, empêchés par Dieu, qui nous a châtiés, non pas selon nos œuvres, mais par sa charité paternelle, afin de nous régénérer.

« Mais en t'écrivant [cette chose] miraculeuse, nous te causons de la joie; la reconstruction de ces lieux adorables a lieu non par l'injustice ou par la ruine, mais grâce à sa miséricorde, par laquelle il a sauvé le monde et [nous] a accordé la connaissance de lui-même.

« Or, ainsi qu'on te l'a dit, grâce à Dieu, par l'intermédiaire de vos saintes prières, toutes les églises de Jérusalem ont été réorganisées et on y célèbre le culte; la paix [règne] dans cette ville divine et aux alentours, comme on vous le dira personnellement, et comme l'ont vu vos hommes pieux. Tout cela est l'œuvre du même créateur et c'est dans le corps seul que se trouvent les œuvres[1]; la force n'est pas dans les mains humaines; car nul corps ne doit se vanter devant lui; il est notre paix, qui accomplit tout, comme cela a été dit, et qui restaure; combattant comme à présent, il nous réjouira par l'intermédiaire de vos saintes prières, en prêchant la paix des saintes églises et en nous accordant des pasteurs de son église. Il vous rappellera de prier sans cesse pour nous et de ne jamais manquer à penser [à nous] et veiller sur nous et sur les pauvres de Jérusalem, à accomplir tout ce qui est nécessaire, et, si c'est possible, à faire converger votre amour jaloux pour Dieu vers l'assistance [requise] pour la construction du [Temple] de la Passion vivifiante; afin que nous soyons gratifiés de ces présents, bons et désirables. Je prie aussi votre Sainteté paternelle de lire cette missive devant les saints évêques qui sont avec vous. »

Voici la réponse à cette lettre, que les Arméniens à Jérusalem écrivirent à Modestos[2] :

« La voix annonciatrice de la grande trompette de l'ange nous crie

[1] Le texte est inintelligible. — [2] Le ms. porte : *առ կայսր* = à l'empereur. (Note de Patkanian, dans son édition de Sebêos, p. 85.)

à travers cette lettre arrivée de votre cité divine, nous annonçant une grande joie; les cieux se réjouiront et la terre sera en liesse; l'Église en sa gloire et ses enfants seront dans la joie; et maintenant nous tous, d'une clameur unanime, nous entonnerons le *Magnificat* angélique, en disant : « Gloire à Dieu dans les hauteurs, paix sur la terre et bonne volonté parmi les hommes[1]. »

RÉPONSE DE TER KUMITAS[2].

« Par la grâce de Dieu, de ma part, à moi, chef des évêques, et de la part de tous les évêques orthodoxes, des prêtres, des diacres, des scribes et de tout le peuple arménien, à vous qui avez été persécutés et affligés, frappés de verges[3], éprouvés, et qui êtes protégés et choyés, consolés et aimés par le Père céleste.

« A toi, excellent frère Modestos et à toutes les églises qui [se trouvent] à Jérusalem, que la grâce de Notre-Seigneur Jésus-Christ, que l'amour de Dieu et la paix [vous] soient multipliés[4].

« D'abord je rends grâce à Dieu pour les consolations dont il nous a consolés, pour que vous-mêmes vous puissiez consoler ceux qui sont dans les peines[5]; car voici que nous-même, par votre consolation qui nous est parvenue, nous avons été consolés de beaucoup de chagrins et de peines violentes, et des tortures amères qui nous affligent. Mais Dieu est fidèle[6], qui, par sa clémence paternelle a soulagé tous les troupeaux des croyants de cette façon et nous a fait oublier notre tristesse par la joie de cette nouvelle et par le bruit de la réédification et de la pacification de Jérusalem.

« Mais le prophète nous crie, nous clame et dit : « Consolez-vous; « que mon peuple soit consolé, dit Dieu; prêtres, parlez au cœur de « Jérusalem[7] et consolez-la, car elle fut pleine de souffrance. » Dieu

(1) Luc, II, 14.

(2) Sur la forme Κομιτᾶς, Κομιτᾶς, cf. H. Hübschmann, *Armen. Gramm.*, I, p. 336.

(3) Réminiscence de *Actes des Apôtres*, XVI, 37, et *II Cor.*, XI, 25.

(4) Réminiscences de *Rom.*, I, 7; XVI, 24.

(5) *II Cor.*, I, 4.

(6) Réminiscences de *I Cor.*, I, 9; X, 13.

(7) Es., XL, 1 et 2.

s'approche de vous comme de ses fils; car le Seigneur éprouve celui qu'il aime[1]. Quel père ne conseillera pas son fils? Nous avons été guéris par ses blessures[2] et le conseil de notre paix [est] en lui. Mais sache toi-même ceci, ô frère bien-aimé. Ces voyages provoquaient une consolation non moindre chez notre peuple aussi, d'abord parce qu'ils oubliaient les douleurs et la tristesse de notre pays; 2° parce qu'ils lavaient leurs péchés par la pénitence, le jeûne et la charité, en accomplissant ce voyage pénible, sans sommeiller, nuit et jour; 3° parce que [les pèlerins] baptisaient leurs corps dans l'eau de sainteté, dans les tourbillons enflammés du Jourdain qui a jailli sur tout l'univers, en grâce divine. Car ils répandaient l'angoisse de leur cœur autour du mont Sinaï, proche de Dieu au temps de Moïse, se [disant] l'un à l'autre la parole du prophète : «Venez, montons sur la montagne du Seigneur et dans la maison du Dieu de Jacob[3].» Mais prononçons encore une plus grande [parole] selon la voix apostolique[4] : «l'arrivée au mont de Sion et à la ville du Dieu vivant, dans la Jérusalem céleste[5]», et auprès des armées innombrables des anges et des églises des aînés inscrits au ciel; la vision du siège de Dieu sur la terre, l'apparition de Dieu juge de tous, assis sur l'autel céleste et sur l'ancre divine. Mais lorsque le Très-Haut détourna sa face de nous et nous[6] regarda avec l'ardeur du soleil, nos âmes indociles n'ont pas obéi et nous avons été troublés : justice à Notre

(1) *Hébr.*, XII, 6; Prov., III, 22.

(2) *I Pier.*, II, 24; Es., LIII, 5.

(3) Es., II, 3, et Michée, IV, 2.

(4) Nous traduisons littéralement *ըստ առաքելական ձայնի* = selon la voix apostolique. On peut entendre par là que Ter Kumitas tenait l'auteur de l'épître aux Hébreux pour un apôtre, ou que la doctrine de cette épître était conforme à celle des apôtres. Cf. E. Ménégoz, *La Théologie de l'épître aux Hébreux*. Paris, 1894. Dans les citations précédentes, que nous avons identifiées, Ter Kumitas ne cite pas le nom de l'apôtre Paul. Peut-être était-il du nombre de ceux qui attribuent l'épître aux Hébreux à saint Paul. L'auteur de cette épître n'était pas anonyme pour les destinataires, puisqu'il leur annonce sa prochaine visite. L'était-elle en 614 ou 615, époque vraisemblable de la rédaction de la lettre de Ter Kumitas, c'est ce que nous ignorons; il serait hasardé de tirer une conclusion de l'argument *ex silentio*.

(5) *Hébr.*, XII, 22, 23.

(6) Var. *ի ձեզ* «vous». Sebêos, édition Patk., p. 87, n. 1.

Seigneur Dieu et honte à nos faces (à nous-mêmes[1]). Mais lorsque la miséricorde de Dieu voulut exercer sa douceur énergiquement bienfaisante sur nous qui étions déchus, nous avons été engloutis dans la profondeur de sa majesté. Pour ce message de bonne nouvelle, bénissons de nos bouches, sans repos, de nos langues infatigables, Notre-Seigneur Jésus-Christ, le bienfaiteur, qui fait des miracles, le dispensateur des dons; car quoique le jour de carnage et d'incendie de ton jugement soit tellement terrible et violent, l'architecte sage qui vous a élus et purifiés comme de l'or au creuset[2] renouvellera de même sa gloire sur toi et te consolera merveilleusement.

« Mais notre bien-aimé[3] nous a déjà dit tout cela, en racontant [comment celui qui] descendait de Sion à Jéricho tomba entre les mains des brigands qui le dépouillèrent et, l'ayant chargé de blessures, le laissèrent à moitié mort et partirent; [comment] les prêtres qui voyageaient le virent et passèrent outre; [comment] les juifs, les lévites et les païens le virent et passèrent outre; tandis que lui-même[4] s'approcha avec compassion, banda ses blessures, appliqua sur celles-ci sa miséricorde et son sang vivifiant; il commanda de mettre sur [les blessures] de l'huile et du vin et de les bander, pour les guérir; et voici qu'on vit [le blessé] conduit à l'auberge[5] et soigné; il donna trois piastres[6] à l'aubergiste. Voici, tu as en main largement pour les remèdes. Tout ce que tu dépenseras pour cet homme, il te le rendra quand il reviendra une autre fois.

« Que Sion ne se lamente plus désormais et que Jérusalem ne se revête plus de deuil, car voici que Christ le roi est arrivé pour

(1) Hébraïsme.

(2) Cf. Zacharie, IX, 3; Apocal., III, 18.

(3) Jésus-Christ, dans la parabole du bon Samaritain. Luc, X, 30-37.

(4) Ce passage doit être entendu dans un sens mystique et symbolique; Jésus est figuré par le Samaritain.

(5) *պանդոկ* = *πανδοχεῖον* (Luc, X, 34) = le *foundouq* des Arabes et des Turcs.

(6) Texte : *զերիս դահեկանս*, trois deniers (ou piastres). Le texte grec porte : *δύο δηνάρια*, et le texte arménien du N. T. a également : *երկուս դահեկանս*, deux deniers. Kumitas cite de mémoire et oublie le chiffre exact de deniers. Luc, X, 35. C'est peut-être aussi simplement une faute de copiste.

sauver et consoler; la couronne de ta consolation sera arrondie avec sa passion fleurie, et sa mort sera un diadème de consolation sur ta tête. Les fils méchants des Juifs se rongeaient et se consumaient, ô très cher, car les arbres du Christ qu'ils ont coupés avec les haches de leur fureur par la main de bûcherons insensés, voici qu'ils ont poussé des rejetons et qu'ils se sont multipliés. Le Très-Haut a rempli ces [endroits] d'oliviers et de palmiers, que les enfants de ceux qui ont crucifié ne seront pas même jugés dignes de voir.

« Mais vous, frères, selon la voix de l'apôtre, soyez vivants dans le Seigneur, restez fermes, soyez consolés, soyez unis, faites la paix et que le Dieu de paix et d'amour soit avec vous[1]. Amen ».

CONSTRUCTION DE L'ÉGLISE DE HRIPHSIMAY[2].

En l'année 28e du règne d'Apruêz Xosrov[3], le catholicos Kumitas démolit la chapelle[4] de sainte Hpiphsimay dans la ville de Valaršapat, car le bâtiment qu'avait construit le patriarche saint Sahak, le catholicos des Arméniens, le fils de saint Nersès, était trop bas et trop sombre.

Or, tandis qu'il démolissait le mur de la chapelle, subitement apparut la perle royale, lumineuse et rare, c'est-à-dire le corps virginal de la sainte dame Hpiphsimay dont tous les membres avaient été détachés, qui avait été scellé de l'anneau du bienheureux saint Grégoire et de celui du bienheureux Sahak, catholicos

(1) *II Cor.*, XIII, 11.

(2) La légende de sainte Hpiphsimay (Ripsimé) est racontée dans tous ses détails par Agathange. Cf. Victor Langlois, *Collection...*, I, p. 137 et suiv. Kumitas et Nerses Šnorhali ont composé des hymnes en l'honneur de Ripsimé et de ses compagnes. Langlois (*Collection*, t. I, p. 137, n. 1) propose un rapprochement avec les aventures de Valéria et de Prisca, et renvoie à Lebeau (édit. Saint-Martin), t. I, p. 144 et suiv. La chapelle de sainte Ripsimé existe encore à Valaršapat; elle est en parfait état de conservation; on en trouvera une description détaillée dans H. F. B. Lynch, *Armenia*, t. I p. 269, et une excellente reproduction photographique, *ibid.*, fig 57.

(3) En 618.

(4) Sur le sens de [illegible], [illegible] (*matupn*) = chapelle de martyr = *μαρτύριον*, cf. H. Hübschmann, *Arm. Gramm.*, t. I, p. 363 et 364.

des Arméniens; [Kumitas] n'osa pas ouvrir, et scella de son propre anneau, digne de sceller une telle perle, troisième anneau de trois fidèles. Ô perle, non point née de la mer, mais perle née de la race royale et nourrie dans le giron de la sainteté et vouée à Dieu, [toi] que désiraient voir les élus; et le bienheureux Kumitas s'attendrissait à ton amour[1].

La mesure de la taille de la bienheureuse était de neuf pouces[2] et quatre doigts, et toute la région du Nord ébranlée venait l'adorer et beaucoup de malades guérissaient de tous [leurs] maux. Il construisit l'église et il laissa la bienheureuse en plein air, à cause de l'humidité du mur, jusqu'à ce que la chaux fut desséchée; puis elle fut recueillie dans sa demeure. Il fit enlever aussi la charpente de la cathédrale[3] sainte, il répara les murs ébranlés, il reconstruisit l'ouverture en pierre. Ceci fut fait du temps de Yovhanik, prêtre de la sainte cathédrale du couvent.

CHAPITRE XXVI.

Xoṗeam vient à Chalcédoine avec une nombreuse armée pour s'emparer de Constantinople. – Exhortation et présents de l'empereur. – Les Perses se laissent convaincre et s'éloignent. Ils reviennent vers Byzance. – Grand combat naval où les Perses sont vaincus. Lettre de Xosrov à Héraclius. – Départ d'Héraclius pour marcher contre les Perses. – Combat près de Tigranakert. – Héraclius victorieux revient chargé de butin à Césarée de Cappadoce. – Il marche de nouveau contre Xosrov. – Bataille dans la plaine de Ninive et défaite des Perses.

Il arriva[4] dans ce temps-là[5] que Xoṗeam se mit en marche avec une nombreuse armée, arriva à Chalcédoine et dressa son camp[6] en face de Byzance. Il voulait passer [le détroit] et s'emparer de la capitale.

(1) Allusion aux hymnes composées par le patriarche Kumitas en l'honneur des saintes Ripsimiennes.

(2) Թիզ «palme, empan».

(3) Կաթուղիկէ et կաթողիկէ = καθολική = l'église métropolitaine, la cathédrale, en particulier celle de Valaršapat. Cf. H. Hübschmann, *Arm. Gramm.*, I, p. 353.

(4) Cf. Thom. Arcruni, p. 89 et suiv.

(5) En 617; après la conquête de la Palestine.

(6) Le texte porte բնակեցաւ, que nous corrigeons en բանակեցաւ. Cf. Sebēos, éd. Patk., p. 27, l. 3.

Lorsque l'empereur Héraclius vit la horde venue pour détruire son empire[1], il les traita, bien malgré lui, en amis, les honora comme des hôtes méritants et bien aimés, alla au-devant d'eux avec des présents, et fit de riches cadeaux au général et aux principaux chefs[2]. Il distribua des subsides aux troupes et leur donna pendant sept journées des vivres en abondance. Lui-même monté sur un navire [s'approcha du rivage] et leur tint ce discours : «Que voulez-vous faire? Pourquoi êtes-vous venus dans ce pays? Prenez-vous la mer pour la terre, que vous voulez lutter avec elle? Sans doute Dieu peut la mettre à sec devant vous, si telle est sa volonté; mais prenez garde qu'il n'en agisse autrement et que les abîmes de la mer ne tirent vengeance de vous. Car ce n'est point à cause de votre piété qu'il vous a donné la victoire, mais à cause de notre iniquité. Ce sont nos péchés, non votre valeur, qui ont fait vos succès. Que demande donc de moi votre roi, qu'il refuse de faire la paix avec moi? Voudrait-il détruire mon empire? Qu'il ne le tente pas, car c'est Dieu qui l'a établi, et personne ne peut le détruire que si tel est le bon plaisir de Dieu, et alors que sa volonté s'accomplisse. Si votre maître dit : «J'établirai sur eux un roi», qu'il fasse roi celui qu'il voudra et nous le recevrons. Désire-t-il venger la mort de Maurice? Mais Dieu a déjà tiré vengeance de Phocas par la main de mon père Héraclius. Votre roi est toujours altéré de sang. Quand en sera-t-il rassasié? Les Romains ne pouvaient-ils pas le mettre à mort, et détruire en même temps l'empire des Perses, quand Dieu l'a livré entre leurs mains? Cependant [Maurice] eut compassion de lui. C'est ce que je réclame aujourd'hui de lui, savoir paix et amitié. A vous, je demande trois choses; écoutez-moi : éloignez de notre pays le feu, l'épée et la captivité. Vous-mêmes tirerez profit de ces trois choses, car vous ne souffrirez plus de la famine et il n'y aura plus de perte sur les tributs destinés au trésor royal. Enfin j'enverrai à votre roi une

[1] Cf. Lebeau, t. XI, p. 15 et suiv. — [2] Cf. Patkanian, *Journal asiatique*, 1866, t. I, p. 201.

lettre[1] accompagnée de présents pour lui demander de conclure avec moi un traité de paix.»

Les Perses acceptèrent les présents et consentirent à ce que demandait l'empereur, [[2] en attendant la réponse qui devait venir de leur souverain et les ordres qu'il donnerait à l'armée. Leurs troupes s'éloignèrent donc de Chalcédoine et allèrent prendre leurs quartiers d'hiver à Souria.]

Le roi de Perse reçut les présents qui lui étaient apportés de la part de l'empereur, mais il ne laissa point repartir les ambassadeurs. Il donna en même temps à ses soldats l'ordre de passer le détroit sur des barques et d'attaquer Byzance. Ceux-ci ayant affrété des bateaux, on fit les préparatifs pour attaquer Byzance par mer. Une armée de mer venue de Byzance alla à leur rencontre pour les combattre. Un combat naval eut lieu, et les soldats perses tournèrent le dos, couverts de honte. Quatre mille hommes y périrent avec les bateaux; et ils n'osèrent plus recommencer.

La 34e année du roi Xosrov[3], il écrivit à Héraclius un décret ainsi conçu :

«Xosrov, chéri des dieux, maître et roi de toute la terre, fils du grand Aramazd, à notre serviteur, imbécile et infime, Héraclius.

«Ne voulant pas accepter d'être mon serviteur, tu te nommes maître et roi et tu épuises mon trésor qui est entre tes mains; tu trompes mes serviteurs et, réunissant tes troupes de bandits, tu ne me laisses pas de repos. N'est-il pas vrai que j'ai anéanti les Grecs, et tu prétends compter sur ton Dieu. Pourquoi n'a-t-il pas

[1] Olympius P. P., Léonce P. U. et le syncelle de la grande église Anastase partirent comme médiateurs de la paix, et porteurs d'une lettre «dans laquelle toute la faute était rejetée sur Phocas». Cf. de Muralt, *Chronogr. byzant.*, t. I, p. 274. Le même savant, d'après des sources grecques, mentionne une seconde légation, qui eut le même sort que la première, et il en serait ainsi tant que les Chrétiens n'auraient pas renié le *Crucifié*.

[2] Lacune comblée d'après Th. Arcruni, p. 91, l. 10 et suiv. (trad. p. 82); cf. aussi le sommaire du présent chapitre.

[3] 623-624.

sauvé de mes mains Césarée, Jérusalem et la grande Alexandrie? A présent même, ne sais-tu pas que j'ai soumis la mer et la terre? Et crois-tu que Constantinople seule ne sera pas mâtée[1] par moi? Mais je te pardonne toutes tes fautes; allons, prends ta femme et tes fils; viens ici et je te donnerai des fermes, des vignes et des oliviers, avec lesquels tu vivras, et nous te traiterons amicalement. Que votre espoir vain ne te trompe pas, car ce Christ qui ne put même pas sauver sa personne de la main des Juifs et qui fut tué par eux, attaché sur le bois, comment pourra-t-il te sauver de ma main? Car si tu descendais même dans les abîmes de la mer, j'y allongerais ma main et je te saisirais[2]. Et alors tu me verras tel que tu ne le désires pas.»

L'empereur Héraclius ayant reçu le message donna l'ordre de le faire lire devant le patriarche et tous les grands; et pénétrant dans la maison de Dieu[3], ils étendirent le message devant le saint autel et ils se prosternèrent sur leurs faces devant le Seigneur et pleurèrent amèrement, pour qu'Il vît les outrages dont ses ennemis l'outrageaient.

Il parut bon à Héraclius et à tous les sénateurs[4] de faire monter sur le siège royal Constantin, le fils d'Héraclius, qui était un jeune enfant[5]; Héraclius fit ses préparatifs, prit sa femme et se rendit en Orient; puis on affermit davantage Constantin dans la dignité royale, selon la première parole[6].

Héraclius fit donc ses préparatifs avec sa femme[7] et ses eunuques et les princes de sa cour; il célébra la pâque à Constantinople

[1] Texte : թրել; Arcruni : թերել.

[2] Réminiscence du Psaume CXXXIX.

[3] Cf. Esaïe, XXXVI et XXXVII.

[4] Սինկղիտոս et սինկղիտոսն = σύγκλητος «sénat», et συγκλητικός «sénateur». Cf H. Hübschmann, *Arm. Gramm.*, I, p. 379-380. — Cf. Sebêos, éd. Patkan., p. 80, l. 32 et s. : ... եւ զնա ի ձեռն Սինկղիտոսին...

[5] Cf. Tab. Nöld., p. 294; il mentionne le fait sans donner le nom du fils et successeur d'Héraclius : «... liess einen Sohn von sich als Stellvertreter in Constantinopel zurück...»

[6] Ou bien : «Conformément au premier récit» consigné dans Sebêos, éd. Patk., p. 80, l. 32.

[7] Martina, fille de Marie et d'Eutrope (de Muralt, *Chronogr. byz.*, t. I, p. 272).

et, après Pâques, s'embarqua pour Chalcédoine[1]. Il donna l'ordre à ses soldats de se rassembler à Césarée de Cappadoce, et lui-même partant de Chalcédoine vint à Césarée. Il dressa sa tente au milieu de l'armée et donna l'ordre de convoquer toutes les troupes et de lire le message devant eux. Puis il [leur] raconta [la raison] de sa venue parmi eux. Les soldats, bien qu'ils fussent émus par ses paroles, furent remplis de joie par son arrivée; ils lui souhaitèrent la victoire et dirent : «Partout où tu iras, nous sommes avec toi, à la vie et à la mort; et que tous tes ennemis deviennent de la terre sous tes pieds; que notre Seigneur Dieu les supprime de la face de la terre et qu'il abolisse [leurs][2] outrages parmi les hommes.» Héraclius partit et s'en alla avec 120,000 [hommes], se rendant à la Porte du roi des Perses; prenant la route des régions du Nord[3], il se dirigea vers la ville de Karin et, arrivé à Dwin, dans la province de l'Ararat, il la ravagea ainsi que Naxčawan.

Marchant sur Gandzak, ce village vaillant[4], il renverse les autels du grand Pyrée, qui s'appelait Všnasp[5]; et le roi Xosrov pressait ses troupes qui étaient sur le territoire grec d'arriver à son secours. Car bien qu'il eût organisé sa cavalerie et qu'il l'eût remise aux mains de Šahên Patgosapan[6], les troupes étaient peu nombreuses et ne purent résister : il réunit ses trésors à Tizbon et se disposa lui-même à prendre la fuite. Quant aux troupes perses, elles arrivèrent en hâte à Mrcuin. On annonce à l'empereur Héraclius que Xoρeam est arrivé à Mrcuin. Il prend ses soldats et ses captifs et

(1) Il s'embarqua le lendemain de Pâques, 5 avril 622 (Lebeau, XI, 91), après avoir confié la ville, selon les uns, à Serge et au patrice Bonus; selon d'autres à son fils et au Xakhan comme tuteur; selon d'autres encore, à la garde de la Sainte-Vierge. Cf. de Muralt, *Chronogr. byz.*, I, p. 277.

(2) Texte : *իւր*, *ses*.

(3) Il prit un autre chemin que celui par lequel était venu Sahrbarâz (Tab. Nöld., p. 294); il prend «la route des rives méridionales de la mer Noire et de l'Arménie»; cf. Patkan., *Journal asiatique*, 1866, I, p. 201.

(4) Au lieu de *արի գեւղն այն*, le passage parallèle de Thom. Arcruni porte *Ատրպատականի* (Gandzak de l'Atropatène); cf. Patk., éd. Sebêos, p. 92, n. 1.

(5) Cf. H. Hübschmann, *Arm. Gramm.*, I, p. 85.

(6) Cf. Tab. Nöld., p. 151, n. 2.

retourne par le pays fortifié des Mèdes. Il arrive à Phaytakaran. On annonce à Xosrov qu'Héraclius s'en est retourné, qu'il est arrivé à Phaytakaran et qu'il veut passer en Géorgie par le pays des Aluans[1]. Il donne à son général Šahr Varaz l'ordre de prendre les devants; quant à lui, il arrive de suite à l'Ararat, passe à Gardman, et vient camper en face de lui, dans la seconde Tigranakert[2]. Šahên arrive avec 30,000 hommes et campe sur les derrières d'Héraclius, dans le bourg de Tigranakert. Ceux-ci étaient campés en deçà, les autres au delà et l'armée d'Héraclius entre les deux.

Lorsqu'Héraclius s'aperçut qu'ils l'avaient mis entre eux, il se retourna contre l'armée qui se trouvait sur ses derrières, la heurta avec une violence soudaine et l'anéantit; il se rendit du côté de Cłukkh et se répandit dans la région montagneuse, sur la plaine de Naxčawan durant l'hiver.

Šahr Varaz avec son armée et Šahên avec ceux des siens qui s'étaient sauvés le suivirent. Il traverse alors le gué du fleuve Araxe, [pénètre] dans le hameau de Vrndžunik[3] et campe dans les champs de ce village. L'armée perse arrivée là ne put traverser le fleuve ce jour-là. Héraclius arrive à Bagrewand, passe en Apahunikh et campe dans le village qui s'appelle Hrčmunkh. Quant à Šahr Varaz, il répandit ses troupes à Ałiovit et lui-même fit choix de 6,000 braves armés de pied en cap; il se rendit et s'établit dans le canton d'Arčêš et s'y mit à l'affût pour tomber pendant la nuit sur l'armée d'Héraclius.

Héraclius apprend par les espions qu'il avait envoyés que Xoṙeam est arrivé et s'est mis à l'affût pour l'attaquer. Héraclius prend alors des fantassins et des cavaliers d'élite et se jette sur lui avec 20,000 [hommes]; arrivé à Ałi, il trouve une avant-garde de

(1) Sur l'Albanie et ses confins, cf. J. Marquart, *Ērānšahr*, p. 118.

(2) Il y avait deux villes de Tigranakert tout à fait distinctes; l'une, dans l'Arménie septentrionale, dans le voisinage de l'Ibérie, s'appelait aussi Aparner; l'autre, sur le Tigre, à l'extrémité méridionale de l'Arménie, doit être identifiée avec Amid ou Amit. Cf. Saint-Martin, *Mémoires*, I, p. 170-173, et les renvois à Strabon.

(3) J. Marquart, *Ērānšahr*, p. 177.

500 [hommes]. Il les massacre d'abord, et un cavalier échappé [à la mort] arrive à Arèêš, annonce à Xoᵱeam la mauvaise nouvelle que son ennemi s'est avancé contre lui et qu'ils ont massacré les soldats de l'avant-garde à Ałi. Xoᵱeam se mit en colère contre cet homme; il donna l'ordre de lui attacher les mains et les pieds et dit: «Jusqu'à présent Héraclius nous fuyait; maintenant que je suis arrivé avec une telle force d'armes, ne me fuira-t-il pas?» Ces paroles étaient encore dans sa bouche que [les ennemis] arrivèrent à la hâte sur eux. Ils cernèrent la ville de trois côtés, l'incendièrent et brûlèrent les troupes de soldats. Si l'un d'eux sortait de la ville pour fuir, on se saisissait immédiatement de lui et on le massacrait. Et aucun d'entre eux ne put échapper à la mort, car le feu immense les dévora tous. Cependant Šahr Varaz se sauva, monté sur un mauvais cheval; ainsi sauvé, il se rendit auprès de ses troupes qu'il avait rassemblées dans le canton d'Ałiovit.

Quant à Héraclius, il prit le butin de leur armée, revint en grand triomphe et arriva dans la région de Césarée, tandis que Šahr Varaz le suivit promptement. Mais comme l'armée était fatiguée, il prit le parti de mettre plusieurs cantons entre [elle et l'ennemi], pour la laisser se reposer et se refaire; [les troupes] allèrent dans les régions des Asiatiques, s'y répandirent et y prirent leurs quartiers.

Alors Héraclius, prenant ses soldats, revint en Arménie; il traverse le Širak, arrive au gué du fleuve Araxe et passe le fleuve près du village de Vardanakert; puis il se répand dans le canton de Gogovit. Ṙočik Vahan et l'armée perse les croyaient en fuite. Quant à lui, passant par les cantons de Her et de Zarewand, il se dirigea vers Tizbon pour attaquer Xosrov. Lorsqu'il pénétra dans les confins du canton d'Atrpatakan, on en avisa Ṙoč Vehan; celui-ci prit ses troupes[1] et le suivit dans la ville de Naxčawan; il

[1] «[Chosrau] schikte zum Kampf gegen ihn einen seiner Heerführer Namens Râhzâdh mit 12,000 Mann und gebot ihm, in Ninive, das zur Stadt Môsul gehört, am Tigrisufer zu bleiben und den Römern den Uebergang zu verwehren.»

marcha rapidement, nuit et jour, jusqu'à ce qu'il l'eût rejoint; puis passant de l'autre côté du mont de Zarasp [1], il tomba sur le pays des Assyriens; ceux-ci se jetèrent à leur poursuite et eux se dirigeant vers l'Occident, s'en allèrent à Ninive. D'autres troupes arrivèrent de la cour du roi au secours de *Roč* Vehan, les meilleurs [soldats] de tout le royaume. Ils opérèrent leur jonction avec les autres [troupes] et poursuivirent Héraclius. Celui-ci les laissa venir jusqu'à la plaine de Ninive [2] et là, faisant volte-face, il les attaqua avec une extrême violence. La plaine était couverte de brouillard, et les troupes perses ne connurent le retour d'Héraclius sur elles que lorsqu'on en était déjà aux mains.

Le Seigneur manifesta tellement sa miséricorde sur Héraclius en ce jour-là que son armée extermina les ennemis comme un seul homme et qu'on tua leur général dans la bataille [3]. Cernant le reste, [les soldats d'Héraclius] voulaient les massacrer tous. Mais eux criaient : «Seigneur pieux et bienfaisant, aie pitié de nous». alors Héraclius donna l'ordre de les laisser aller, et Héraclius luimême ordonna de faire invasion dans le pays.

CHAPITRE XXVII.

Fuite de Xosrov; prise et incendie de Tizbon par Héraclius; son retour dans l'Atrpatakan. — Meurtre de Xosrov et de ses quarante fils; avènement de Kawat et paix avec les Grecs. — Délivrance des frontières.

Quant au roi des Perses Xosrov, il alla se réfugier en franchissant le Tigre à Veh Kawat, après avoir coupé les cordes des ponts de bateaux. Héraclius vint camper aux portes de la ville de Tizbon et incendia tous les palais royaux autour de la ville [4]. Puis il se

Tab. Nöld., p. 294-295. Cf. *ibid.*, p. 294, n. 3, où ce général est identifié avec *Ῥαζάτης*, *Ῥυζάτης*, *Ῥαζάσlης* des auteurs grecs et *Rózbehân* de Michel le Syrien et de Barhebraeus.

[1] E. Gerland, *Die persischen Feldzüge des Kaisers Herakleios*. Byz. Zs. III 369 et s.

[2] Cf. Theophanes, p 488.

[3] Ce général *Roč* Vehan = Razatès fut tué par Héraclius le 12 décembre 627. Cf. de Muralt, *Chronogr. byzant....*, I, p. 283.

[4] En janvier 628. Cf. de Muralt, *Chronogr. byz.*, I, p. 283.

rendit dans l'Atrpatakan avec tous ses bagages et toute son armée, car Héraclius redoutait Xopem. Or Xopem ne vint pas au secours du roi Xosrov, mais il resta là où il était, dans la région occidentale[1]. Le roi Xosrov revint chez lui et il donna l'ordre de reconstruire les ponts de bateaux; quant aux femmes et aux fils du roi ils étaient à Veh Kawat ainsi que son trésor et l'écurie des chevaux royaux.

Xosrov se mit à rassembler les naxarars qui avaient échappé et leur parla en les jugeant sévèrement : «Pourquoi n'êtes-vous pas morts vous-mêmes sur le champ de bataille, plutôt que de venir près de moi? Avez-vous donc cru que Xosrov était mort?» Alors ils se concertèrent entre eux et dirent : «Bien que nous ayons échappé à nos ennemis, nous ne pourrons pas échapper aux mains de celui-là; mais venez, imaginons quelque chose.» Alors ils se lièrent entre eux par un serment, ils se rendirent nuitamment à Veh Kawat par le pont, ils se saisirent du pont et y mirent des gardes; ils prirent pour roi Kawat, fils de Xosrov et emmenèrent en cachette les chevaux avec lesquels Xosrov était venu à Tizbon.

Et quand la mauvaise nouvelle de cet événement arriva à Xosrov, il sursauta de frayeur, et dans son épouvante il chercha un cheval; on entra dans l'écurie et l'on n'en trouva pas. Le roi Kawat vint avec tous ses soldats; et le roi Xosrov se déguisa, entra dans le jardin royal et, pénétrant sous les arbustes touffus des parterres, s'y cacha et y demeura. Le roi Kawat donna l'ordre de le chercher et, se rendant au jardin, on l'y trouva; on le saisit et on y amena un bourreau. Sur l'ordre du roi Kawat on le tua[2]. Quant aux fils de Xosrov, les naxarars disent : «Ils ne doivent pas vivre, car ils pourraient susciter des émeutes.» Alors sur l'ordre du roi Kawat, on les tua tous à la même heure, au nombre de quarante[3]; il retint pour lui-même les femmes, le trésor et l'écurie du roi.

[1] Cf. Patkanian, dans *Journal asiatique*, 1866, I, p. 202.

[2] Le 25 février 628. Cf. de Muralt, *Chronogr. byz.*, I, p. 284.

[3] Sur le nombre des fils de Xosrov, 40. 25. 19, etc., cf. Patkanian, *Journal asiatique*, 1866, I, p. 202, n° 1 et les références.

Ensuite le roi Kawat[1] tint conseil avec les naxarars de son royaume : « Il faut faire la paix avec l'empereur et lui céder toutes les limites de son royaume, et de tous côtés faisons la paix. » D'un commun accord ils consentirent tous à agir de la sorte. Alors le roi Kawat donne l'ordre d'écrire à Héraclius une adresse de salutation et lui cède toutes ses frontières; il fait porter avec son adresse du sel scellé; il charge un išxan du nom de *R*aš de confirmer cet accord par de grands présents.

Or lorsque ce *R*aš arriva, annonçant la bonne nouvelle, présentant l'adresse et offrant les présents, l'empereur Héraclius et tous ses soldats rendirent de grandes actions de grâce à Dieu[2]. Alors l'empereur Héraclius donna l'ordre de mettre en liberté les nombreux captifs et de renvoyer tout le butin; il écrit un témoignage de bénédiction et établit la paix sous serment. Ensuite il envoie un de ses principaux naxarars dont le nom était Yustath[3] avec de grands présents, et, après avoir comblé d'honneurs et de précieux trésors ce *R*aš, il le congédie. Et lui rentra en paix chez lui. Yusdath[4] se rendant avec des présents devant le roi Kawat présente le décret et offre les cadeaux. Le roi Kawat le reçut avec joie, lui confirmant à nouveau les paroles de paix et les frontières cédées par le serment des décrets, scellant le sel [avec Yusdat], suivant la tradition [comme faisaient d'anciens rois][5]. Devant lui, il donne l'ordre d'écrire à Šahr Varaz de rassembler ses soldats, de repasser en Perse, évacuer les territoires des frontières grecques,

[1] Ce roi Kawat II régna 6 à 8 mois. donc jusqu'à la fin de 628. C'est le Sirous, le Cabatas Sadasadasach de de Muralt, *Chronogr. byz.*, I, p. 284-285, et le Siroës, Cavades II de Patk., *Journal asiatique*, 1866, I, p. 215-218.

[2] Héraclius reçut les lettres de Kawat le 15 mars 628. Cf. de Muralt, *Chronogr. byz.*, I, p. 284.

[3] Εὐστάθιος dans la *Chronique Pascale*, p. 401.

[4] *Yustath* est la transcription du grec Εὐστάθιος; cf. H. Hübschmann, *Arm. Gramm.*, I, p. 329; la variante *Yusdat* indique la prononciation sourde du դ et ne peut guère être attribuée qu'à un copiste.

[5] Les mots զՅուսդատ ըստ աւանդին թագաւորաց ne sont pas possibles à construire dans l'état actuel du texte de Sebêos. Cf. édition Patkanian, p. 97, l. 6.

ordre auquel celui-ci ne voulut du reste pas se conformer. Puis ils congédièrent Yusdat en le comblant de trésors; et il s'en alla.

CHAPITRE XXVIII.

Varaztiroch, fils de Smbat, devient marzpan; Christaphor est élu catholicos; sa déposition; Ezr lui succède; mort de Kawat et avènement d'Artašir son fils. — Héraclius écrit à Xopeam et lui demande la sainte Croix; meurtre d'Artašir et avènement de Xopeam. — Meurtre de Xopeam et avènement de Bbor, fille de Xosrov; après elle, [avènement] d'un certain Xosrov; après celui-ci, [avènement] d'Azarmiduxt, fille de Xosrov. — Après celle-ci, [avènement] d'Ormizd; ensuite avènement de Yazkert.

Alors le roi Kawat mande Varaztiroch, fils de Smbat le Bagratide appelé Xosrov Šnum[1], et lui donne le pouvoir de la seigneurie; il le fait marzpan et l'envoie en Arménie avec tous les biens paternels, pour qu'il maintienne en prospérité ce pays. Lorsqu'il vint en Arménie, tous les Arméniens le reçurent avec joie; mais comme le bienheureux catholicos Kumitas était mort[2] et que la place était sans titulaire, il tint conseil avec tout le monde pour chercher un homme digne. Alors sur la proposition du seigneur Thêodoros Rštuni, ils élurent un anachorète de la maison d'Abraham[3], dont le nom était Christaphor; ils l'établirent catholicos. Il advint que c'était un homme orgueilleux et arrogant, dont la langue était comme un glaive aigu. Celui-ci suscita beaucoup de troubles et sema la discorde entre Aspet et son frère par de méchants discours Il occupa le siège pontifical pendant deux ans[4], et la troisième année, on lança contre lui des accusations. Tous les évêques et les princes s'assemblèrent et firent une enquête; deux hommes de sa

[1] Sur la variante *šnum* et *šum*, titre honorifique de Smbat Bagratuni, cf. ci-dessus, p. 48.

[2] Il mourut en 625. Cf. Saint-Martin, *Mémoires*, I, p. 438.

[3] Abraham I, évêque du pays des Rštunis, de 594 à 600. Cf. Saint-Martin. *Mémoires*, I, p. 438.

[4] Christaphor (Christophe III), du pays d'Apahuni, occupa le siège patriarcal de 625 à 628. Cf. Saint-Martin, *Mémoires*, I, p. 438.

famille vinrent témoigner à son sujet devant tout le monde; ensuite on envoya quelques évêques, on lui enleva la mitre de la dignité pontificale, on le priva de son rang; puis on le chassa outrageusement. De suite, on établit comme catholicos Ezr[1], du canton de Nig, qui, sous le bienheureux Kumitas, était gardien [de l'église] de Saint-Grégoire. C'était un homme humble et doux, qui ne voulait irriter personne, et de la bouche duquel ne sortait aucune parole mauvaise.

Le roi Kawat songeait à la prospérité de son pays, désirant établir la paix de tous côtés, mais il mourut[2] au bout six mois[3]. On établit comme roi son fils Artasir, un enfant[4]. Alors Héraclius écrit à Xopeam ce qui suit : «Kawat votre roi est décédé et c'est à toi que revient le trône royal; quant à moi, je te le donne, et à ton fils après toi. S'il faut des troupes, j'en enverrai à ton secours autant qu'il t'en faudra; nous conclurons un pacte entre toi et moi, avec serment, par contrat écrit et scellé.» Xopeam consentit aisément, quitta Alexandrie, rassembla en un seul endroit tous ses soldats, puis les quitta et se rendit avec un petit nombre d'hommes au rendez-vous désigné par Héraclius[5]. En se voyant l'un l'autre, ils furent très heureux. Alors Héraclius lui fit serment de lui donner ce trône et le promit également à ses fils après lui; [il lui promit aussi] des soldats tant qu'il lui en faudrait. Il lui

(1) Ezr ou Esdras, né à Pharhaznakert, 628-640. Cf. Saint-Martin, *Mémoires*, I, p. 438.

(2) Au commencement de 629. Cf. de Muralt, *Chronog. byz.*, I, p. 285.

(3) Lire կացեալ au lieu de կեցեալ. Cf. la forme կեռեալ. Sebêos, éd. Patk., p. 98, l. 18.

(4) Il avait sept ans, d'après Tab. Nöld., p. 386.

(5) Patkanian (*Journ. asiat.*, 1866, I, p. 219) dit que Xopeam et Héraclius «eurent une entrevue dans un lieu nommé *Héracli*». C'est vraisemblablement une fausse interprétation du գնաց ի ժամադիր տեղին, ուր սահմանեալ էր նմա Երակլի de Sebêos, éd. Patk., p. 98, l. 27 à 28. Nous n'avons pas trouvé d'endroit portant le nom de *Héracli*. En outre, Երակլի (Erakli) est une des nombreuses orthographes du nom d'Héraclius, dans le texte de Sebêos. La forme *Erakli* est au génitif. M. Meillet nous signale que, dans sa traduction russe (1862), Patkanian a bien traduit : au rendez-vous qu'Héraclius lui avait fixé. Le passage du *Journal asiatique* susmentionné ne peut s'expliquer que par une faute d'inattention de l'auteur.

demandait en premier lieu la croix vivifiante qu'il avait prise à Jérusalem. Alors Xopeam fit serment et dit : « Lorsque je serai arrivé à la cour royale, je ferai immédiatement chercher la croix et je te l'enverrai. Quant à la convention relative aux frontières, la limite sera celles que tu désireras. Confirme cela par écrit, par sceau et par sel. » Il lui demanda encore quelques jours, puis ils se quittèrent et s'en allèrent. Xopeam se rendit avec toutes ses troupes à Tizbon ; sur son ordre quelques [soldats] tuèrent le jeune roi Artašir [1] et [Xopeam] monta sur le siège royal ; quant aux principaux de la cour ou de l'armée sur lesquels il ne pouvait compter, il donna l'ordre de les exterminer par l'épée ; il en fit mener d'autres enchaînés auprès d'Héraclius.

Alors le bienheureux Héraclius envoya à Xopeam des hommes fidèles au sujet de la Croix du Seigneur. Et lui, la faisant chercher en grande hâte, s'empressa de la remettre aux hommes qui étaient venus [2]. Ceux-ci l'ayant prise partirent immédiatement. Il leur donna beaucoup de biens et les congédia avec de grands honneurs et une grande joie.

Un jour Xopeam avait revêtu ses habits royaux et, monté sur un cheval, il circulait parmi ses soldats pour se montrer. Tout à coup, on l'attaque par derrière, on le frappe et on le tue [3]. On fit monter sur le trône Bbor, fille de Xosrov qui était sa femme [4] ; puis on établit commandant à la cour Xopox Ormizd, qui était l'išxan de la région de l'Atrpatakan. Or ce Xopox envoie quelqu'un à la bambišn : « Deviens ma femme. » Elle accepte et dit : « Viens à

(1) Artašir III régna sept mois, en 629 ; cf. de Muralt, *Chronogr. byz.*, I, p. 286. D'après Tabari (Tab. Nöld., p. 388) Artašir aurait été assassiné le 27 avril 630, après un règne de un an et six mois. Patkanian, *Journal asiatique*, 1866, I, p. 218-220, assigne encore d'autres dates pour la durée du règne de ce jeune roi.

(2) Xopeam = Šahrbarâz = Sarbar fut reconnu par Héraclius, à condition qu'il restituerait la Sainte-Croix et toutes les conquêtes de ses prédécesseurs en Égypte et en Orient. Cf. de Muralt, *Chronogr. byz.*, I, p. 286.

(3) Il avait régné quelques mois en 629. Cf. de Muralt, *Chronogr. byz.*, I, p. 286 ; Tab. Nöld., p. 388-390 ; Patkanian, dans le *Journal asiatique*, 1866, I, p. 220-221.

(4) La femme de Xopeam et la fille de Xosrov II ; cf. Tab. Nöld. p. 390.

minuit avec un seul homme et je ferai ta volonté[1]. » Et en se levant au milieu de la nuit il se rendit avec un seul jeune homme; lorsqu'il entra dans le palais, les gardiens de la porte se jetèrent sur lui et le tuèrent en le frappant. La bambišn occupa le trône pendant deux ans et mourut. Après elle, un nommé Xosrov de la maison de Sassan. Après Xosrov, Azarmiduxt, fille de Xosrov[2]. Après celle-ci, Ormizd[3], le petit-fils de Xosrov, que les soldats de Xopeam avaient étranglé. Ensuite règne Yazkert, fils de Kawat, petit-fils de Xosrov, qui régna dans la crainte, car les armées de la Perse s'étaient divisées en trois parties : une troupe du côté des Perses et de l'Orient; une troupe de Xopeam, du côté de l'Asorestan, et une troupe du côté de l'Atrpatakan. Mais le siège de sa royauté était à Tizbon et tous à la fois l'honoraient d'un commun accord.

CHAPITRE XXIX.

Arrivée de la sainte Croix dans la sainte Jérusalem. Délimitation des frontières des deux rois. Acceptation par Ezr du concile de Chalcédoine, sous la pression de Mžěž Gnuni. – Projet de Mžěž avec Ratovm contre l'aspet Varaztiroch. Fuite de Varaztiroch. – Le roi lui prête serment; il se rend au palais et est reçu avec honneurs; mauvais desseins d'Athalarikos avec les princes contre [son] père. Le dessein est dévoilé et ils sont mis à mort. Exil de Varaztiroch; bravoure de David Sahapuni : il devient curopalate. Œuvres du seigneur Théodoros Rštuni.

Après avoir reçu la sainte Croix du Seigneur[4], le bienheureux, le pieux, l'heureux roi Héraclius rassemble son armée d'un cœur léger et joyeux; et se mettant en route avec toute la domesticité royale, honorant la découverte sainte, miraculeuse et céleste, il la fait parvenir à la ville sainte avec tout l'appareil ecclésiastique qui

(1) La même anecdote est racontée par Tabari et par Mirkhond, mais rapportée à Azarmiduxt. Cf. Tab. Nöld., p. 394, et Patkanian, *Journal asiatique*, 1866, I, p. 223, n. 1.

(2) Toute la chronologie de cette période troublée est très obscure. Nous renvoyons pour plus de détails aux ouvrages suivants : Tab. Nöld., p. 388-395; de Muralt, *Chronogr. byz.*, I, p. 286 et suiv.; *Journal asiatique*, 1866, I, p. 220 et suiv.

(3) Texte : Որմզդի (Ormzdi) à corriger en Որմիզդ.

(4) En 629.

avait échappé aux mains des ennemis dans la ville de Byzance. Il y eut beaucoup d'allégresse ce jour-là à leur entrée à Jérusalem : bruit des pleurs et des soupirs, larmes abondantes, une immense flamme dans les cœurs, un déchirement des entrailles du roi, des princes, de tous les soldats et des habitants de la ville; et personne ne pouvait chanter les hymnes du Seigneur à cause du grand et poignant attendrissement du roi et de toute la multitude. Il rétablit [la croix] en son lieu et remit tous les objets ecclésiastiques, chacun à sa place[1]; il distribua à toutes les églises et aux habitants de la ville bénédiction et prit de l'argent pour l'encens.

Puis il se dirigea vers la Mésopotamie syrienne, pour s'en emparer et prendre possession des villes des frontières. Les limites furent rétablies telles qu'elles avaient été établies sous Xosrov et Maurice. La croix du Seigneur resta dans la ville sainte jusqu'à la seconde prise de Jérusalem par les fils d'Ismaël, lors de laquelle elle revint trouver un refuge dans la ville royale avec tous les objets ecclésiastiques.

Ensuite vint d'Arménie le général de la région grecque, Mžèž Gnuni, qui occupa tout le pays selon les limites susmentionnées. Il dit au catholicos Ezr d'aller dans la région des frontières et de communier loyalement avec l'empereur, « sinon, nous nous ferons un autre catholicos, et toi tu exerceras ton pouvoir sur les régions perses ». Comme le catholicos ne pouvait quitter le pays où s'exerçait son pouvoir, il demanda au roi une confession de foi et immédiatement on lui envoya le livre écrit de la main du roi anathématisant Nestorius[2] et les hérésiarques; mais le concile de Chalcédoine

[1] Héraclius remit entre les mains de Zacharie la Sainte Croix; puis il bannit de Jérusalem tous les Juifs, au commencement de l'an 629. Cf. de Muralt, *Chronogr. byz.*, I, p. 286.

[2] Sur la doctrine de Nestorius, nous renvoyons aux différents manuels de dogmatique. Voici, en deux mots, le résumé de sa doctrine. Nestorius, disciple de Théodore de Mopsueste, refusait à la vierge Marie le nom de mère de Dieu, et enseignait la juxtaposition des deux natures en Christ : Jésus-Christ aurait conservé chacune de ses deux natures distinctes. Nestorius a été combattu surtout par Cyrille d'Alexandrie, mort en 444.

n'était pas anathématisé[1]. Le catholicos se rendit en Asorestan, vit le roi et négocia avec lui, selon l'ordre [qu'il avait reçu]. Il demanda au roi pour présent les salines de Kolb; après avoir reçu le présent, il rentra chez lui en grande pompe. Dans la suite il demeura au milieu du camp des Grecs, et le général se prêtait volontiers à ses désirs. Il disposait des distinctions dans l'armée et [présidait à] la distribution des greniers sur tout le pays.

L'aspet Varaztiroch, nommé par le roi Džavitean Xosrov, fils du grand Xosrov Šnum, embellit beaucoup le pays des Arméniens; mais il ne se soumit pas et n'obéit pas au grand išxan qui était dans le pays de l'Atrpatakan et que l'on appelait Xoṙox Ormizd[2], non plus qu'à son fils Ṙostom[3] après lui, qui était išxan dans la région de l'Atrpatakan. Il y eut une grande querelle entre les deux. Ensuite le général de la région grecque, Mžēž, se mit à calomnier l'aspet auprès de l'išxan Ṙostom, qui était dans le pays de l'Atrpatakan. «Qu'il ne reste pas en Arménie, sinon il y aura un grand trouble entre les deux rois.» Il envoya son frère Garikhpet hiverner à Dwin, afin de se saisir de l'aspet et de l'amener. Or comme toutes les troupes perses aimaient l'aspet, un des išxans l'avertit et lui dit: «Prends garde à toi, car demain on va t'arrêter.» L'aspet, prenant sa femme et ses fils, s'enfuit nuitamment et se rendit à Taron. Arrivé là, il rassembla ses soldats et demanda au roi Héraclius de lui faire serment de ne pas l'éloigner de son pays; ayant reçu le serment il alla se présenter devant lui dans le pays d'Asorestan. Alors le roi Héraclius lui fit serment et dit: «Tu resteras près de moi quelque temps; puis je te renverrai en grand honneur dans ton pays.» Il l'éleva plus haut que tous les patrices qui étaient dans son royaume et, se rendant au palais, il lui donna une

(1) Le concile œcuménique de Chalcédoine, 451, annule les décisions du concile d'Éphèse, 449; il établit la dualité de la nature et l'unité de la personne. Dans le Christ, les deux natures ne sont ni mêlées, ni confondues, ni séparées. *ἀσυγχύτως, ἀτρέπτως, ἀδιαιρέτως, ἀχωρίστως.*

(2) Le prétendant à la main de Bbor. Cf. *supra*, p. 89, et H. Hübschmann, *Arm. Gramm.*, I, p. 43.

(3) Sur les variantes de ce nom, cf. H. Hübschmann, *Arm. Gramm.*, I, p. 71.

résidence royale, des sièges d'argent et beaucoup de trésors. Son fils Smbat était aimé du grand chambellan d'Héraclius.

Voici le crime commis par le fils de l'empereur Héraclius, dont le nom était Athalarikos; il blessa profondément le cœur de son père, déchira sa personne merveilleuse et la beauté de son visage et fut cause [de la perte] de sa propre personne et de plusieurs [autres]. De concert avec son frère Thêodoros, fils d'Héraclius, surnommé Magistros, avec beaucoup de grands de la ville et Vahan Xorxoρuni, ils tinrent conseil tous pour tuer Héraclius et élever Athalarikos son fils sur le siège royal[1]. Dans ce conseil se trouva Varaztiroch, fils de Xosrov Šnum, Smbat; mais il n'avait pas été d'accord avec les fils [d'Héraclius] pour tuer le roi; il dit : «Vous les appelez lieutenants de Dieu; il ne faut donc pas être dans cette affaire-là; pour moi, je ne suis pas d'accord avec vous dans ce dessein.» Les termes du conseil furent rapportés en entier aux oreilles du roi par un korator, qui avait assisté au conseil. Le roi, apprenant la chose avec certitude, donna l'ordre d'arrêter de bon matin son fils, son neveu et tous ceux qui étaient avec eux, de leur couper à tous le nez et la main droite. En envoyant un message à l'aspet, il dit : «En échange de ce que tu as agi ainsi envers moi et de ce que tu n'as pas voulu verser mon sang et celui de mes fils, je ne verserai pas non plus le tien ni celui de tes fils. Va, reste où je te l'ordonnerai, et je t'épargnerai.» Bien que plusieurs fois les conseillers eussent crié : «Qu'il meure», il ne voulut pas les écouter. Il ordonna de le transporter avec sa femme et ses fils dans une île et dans une ville de relégation qu'on appelle Akhsor[2].

A ce complot avait pris part aussi David Sahaρuni; Mžêž l'arrêta

[1] Les conspirateurs Athalarikos et Theodoros furent mutilés puis bannis, 635. Cf. de Muralt, *Chronogr. byz.*, I, p. 289.

[2] Le mot *աքսորն* semble employé ici comme nom propre; d'ordinaire il ne s'emploie qu'au pluriel : *աքսորք* (ou *աքսորանք*) «exil», d'où *աքսորել* «exiler»; il est emprunté au grec ἐξορία, peut-être par l'intermédiaire du syriaque (v. H. Hübschmann, *Arm. Gramm.*, I, 301). Le lieu d'exil en question est peut-être l'Afrique. Cf. Sebêos, éd. Patk., p. 114, l. 18, et *infra*, p. 106.

et l'envoya au palais. En route, il brisa ses fers et tua les hommes qui l'accompagnaient; il revint et s'attacha les troupes arméniennes. Il attaque Mžêž Gnuni, général de la province grecque, frappe à mort, lui et Varaz[1] Gnel Gnuni; puis il revêt la dignité de général avec l'assentiment et la bonne volonté de tous les soldats.

Le roi, sur la demande des išxans, le nomme išxan lui-même sur tous ces pays-là, lui décerne l'honneur du curopalatat et l'attache à son service. Il conserva le pouvoir pendant trois ans avec grande magnificence. Ensuite, les soldats lui enlevèrent son pouvoir et le chassèrent; les nobles, par leur désunion, perdirent le pays d'Arménie. Seul, le pieux išxan du canton des Ṙštunis, Thêodoros, tenait en ordre les soldats de sa région et restait sur ses gardes nuit et jour, selon sa profonde sagesse; il faisait beaucoup de mal aux ennemis. En organisant l'île d'Ałthamar, il sauva plusieurs cantons.

CHAPITRE XXX[2].

Chute des Sassanides après une domination de 542 ans. – Apparition de Mahomet. – Invasion des enfants d'Ismaël dans le pays des Arméniens. – Mort d'Héraclius et avènement au trône de Constantin.

Je parlerai du descendant d'Abraham, non du fils libre, mais de celui qui naquit de l'esclave et en qui se réalisa véritablement cette parole de Dieu : «Sa main [sera] contre tous, et la main de tous [sera] contre lui.»[3]

A cette époque, des Juifs des douze tribus vinrent et se rassemblèrent dans la ville des Edesséniens[4]. Lorsqu'ils virent que l'armée perse s'était retirée et avait laissé la ville en paix, ils

(1) Sur le sens de *Varaz* = Sanglier, et les composés, cf. H. Hübschmann, *Arm. Gramm.*, I, p. 81.

(2) Ce chapitre a été traduit en partie par E. Dulaurier, *Recherches sur la chronologie arménienne*, p. 210 et suiv., et par H. Hübschmann, *Zur Geschichte Armeniens und der ersten Kriege der Araber*, p. 10 et suiv.

(3) Genèse, XVI, 12.

(4) Cf. Brosset, *Collection*, t. I, p. 88, note.

fermèrent les portes, s'y fortifièrent et n'y laissèrent pas entrer les troupes du royaume romain. L'empereur grec Héraclius donna alors l'ordre de l'assiéger. [Les Juifs] reconnaissant qu'ils ne pouvaient pas résister dans la lutte, firent des propositions de paix à [l'empereur], ouvrirent les portes de la ville et vinrent se présenter devant lui. Il leur ordonna de se retirer et de rester chacun chez soi; et ils se mirent en route. Ils prirent le chemin du désert et arrivèrent en Arabie, chez les enfants d'Ismaël; ils les appelèrent à leur secours et leur firent savoir qu'ils étaient parents, d'après la Bible. Bien que ceux-ci crussent volontiers à cette parenté rapprochée, [les Juifs] ne purent cependant pas convaincre toute la masse du peuple, parce que leurs cultes étaient différents.

A cette époque, il y avait un des enfants d'Ismaël, du nom de Mahomet, un marchand[1]; il se présenta à eux comme sur l'ordre de Dieu, en prédicateur, comme étant le chemin de la vérité, et leur apprit à connaître le Dieu d'Abraham; car il était très instruit et très versé dans l'histoire de Moïse[2]. Comme l'ordre venait d'en haut, ils se rallièrent tous, sur l'autorité d'un seul, à l'unité de loi et, abandonnant les cultes de vanité, retournèrent au dieu vivant qui s'était révélé à leur père Abraham. Mahomet leur prescrivit de ne manger la chair d'aucun animal mort [naturellement], de ne pas boire de vin, de ne pas mentir et de ne pas forniquer. Il ajoutait : «Dieu a promis par serment ce pays à Abraham et à sa postérité après lui en toute éternité; il a agi selon sa promesse, lorsqu'il aimait Israël. Or vous, vous êtes les fils d'Abraham et Dieu réalise en vous la promesse faite à Abraham et à sa postérité. Aimez seulement le dieu d'Abraham, allez vous emparer de votre territoire, que Dieu

[1] Le mot arménien est *թանկանգար* (*thankangar*), qui chez Thomas Arcruni et Vartan est orthographié *thangar*. Ce mot, d'après Fleischer, cité par H. Hübschmann, *Zur Geschichte Armeniens*..., p. 11, n. 1, correspond à l'arabe *tâjir* «marchand», qui vient lui-même de l'araméen *taggâr*. Nous avons donc : *թանկանգար* — *թանգար* = تَگّار — תגרא. Cf. H. Hübschmann, *Arm. Gramm.*, I, p. 303.

[2] Cf. Samuel d'Ani cité par Dulaurier, *Chron. Arm.*, p. 354, n° VIII, 1.

a donné à votre père Abraham, et personne ne pourra vous résister dans le combat, car Dieu est avec vous.»

Alors ils se rassemblèrent tous, depuis Ewiwlay jusqu'à Sur et en face de l'Égypte[1]; ils sortirent du désert de Phapan répartis en douze tribus, d'après la race de leurs patriarches. Ils répartirent parmi leurs tribus les douze mille enfants d'Israël[2], mille par tribu, pour les guider dans le territoire d'Israël[3]. Ils partirent, campement par campement, d'après l'ordre de leurs patriarches[4] : Nabêuth, Kedar, Abdiwl, Mosamb[5], (Mast,) Masmay, Idovmay, Masé, Kholdat, Theman, Yetur, Naphès et Kedmay. Ce sont là les tribus d'Ismaël. Ils se rendirent à Hpaboth Moab[6] dans le territoire de Ruben. Car l'armée des Grecs campait en Arabie. Ils les attaquèrent à l'improviste, les passèrent au fil de l'épée, mirent en fuite Théodo[ro]s[7], le frère de l'empereur Héraclius et revinrent camper en Arabie.

Tout ce qui restait des peuples enfants d'Israël vint s'unir à eux et ils formèrent une grande armée. Puis ils envoyèrent une ambassade à l'empereur des Grecs, disant : «Dieu a donné en héritage ce pays à notre père Abraham et à sa postérité après lui; nous sommes les enfants d'Abraham; tu as assez longtemps possédé notre pays; cède-le nous pacifiquement, et nous n'envahirons pas ton territoire; sinon, nous te reprendrons avec usure ce dont tu t'es emparé.» L'empereur refusa et, sans leur donner de réponse satisfaisante, dit : «Ce pays est à moi; ton héritage, c'est le désert; va en paix dans ton pays.» Il se mit à lever des troupes, environ 70,000 hommes, qu'il plaça sous le commandement d'un de ses fidèles eunuques et leur ordonna de se rendre en Arabie. Il leur commanda de ne pas livrer

(1) Gen., xxv, 18.

(2) Nombres, xxxi, 3 et suiv.

(3) De Jérusalem, dans Dul., *Chron. arm.*, p. 211, et H. Hübschm., *Zur Geschichte*..., p. 12.

(4) Gen. xxv, 13-14.

(5) Pour la correction en Mabsam, cf. H. Hübschmann, *Zur Geschichte Armeniens*..., p. 12, n. 1.

(6) Rabbath Moab, à l'est de la mer Morte.

(7) Cf. H. Hübschmann, *Zur Gesch. Armen*..., p. 12, n. 3; de Goeje, *Mémoire sur la conquête de Syrie*[2], p. 35.

bataille contre ceux-ci (les Arabes), mais de se tenir sur la défensive, jusqu'à ce qu'il eût réuni d'autres troupes pour les envoyer à leur secours[1].

Arrivés au Jourdain[2], [les Grecs] le franchirent et pénétrèrent en Arabie; laissant leur campement au bord du fleuve, ils allèrent à pied contre l'armée [ennemie]. [Les Ismaélites] postèrent une partie de leur armée en embuscade, de ci, de là, et disposèrent la masse de leurs tentes tout autour du campement. Puis ils placèrent les troupeaux de chameaux autour du camp et des tentes, et ils leur lièrent les pieds avec des cordes. Tel était le retranchement de leur campement. Quant aux Grecs, fatigués par la marche, ils ne purent qu'avec peine entamer le retranchement du camp; ils commençaient à tomber sur [les Ismaélites], lorsque ceux qui étaient embusqués sortirent subitement de leur retraite et fondirent sur eux. Une frayeur inspirée par le Seigneur s'empara de l'armée des Grecs; ils tournèrent le dos pour fuir devant eux[3]. Mais ils ne pouvaient fuir à cause de l'épaisseur du sable, dans lequel ils enfonçaient jusqu'au genou[4], tandis que l'ennemi les poursuivait l'épée dans les reins et qu'ils étaient fort incommodés par

[1] Cf. de Muralt, *Chronogr. byz.*, I, p. 289.

[2] La bataille du Yarmouk se livra, en effet, non loin du point où cette rivière se jette dans le Jourdain. D'après Théophane, la bataille s'engagea le 23 juillet 636, mais la déroute des Grecs ne fut décisive que le 20 août. Cf. de Goeje, *Mém. sur la conquête de Syrie*², p. 107 et suiv. Dans l'armée grecque figurait un contingent arménien sous le commandement de Georgius. La défection de ce dernier entraîna, d'après un auteur musulman, la défaite des troupes d'Héraclius. Cf. de Goeje, *ibid.*, p. 106, 118 et 122.

[3] Bien qu'il ne le dise pas explicitement, Sebêos considère l'invasion des Arabes comme un châtiment envoyé par Dieu contre les Grecs, parce qu'ils n'ont pas persévéré dans la communauté de la foi avec les Arméniens. Sebêos a tout à fait la conception biblique de l'histoire et ce trait peut être relevé à plusieurs reprises dans son ouvrage.

[4] M. de Goeje, *loc. cit.*, p. 119, a trouvé dans ce passage de Sebêos une confirmation du Wâdî ar-Ramâd d'Eutychius, *Annales*, II, p. 273 et suiv. Il y a lieu cependant de se demander si le nom de la rivière donné par Eutychius n'a pas été déformé par une faute de copiste et s'il ne convient pas de lire : Wâdî ar-Rouqqâd; cf. R. Dussaud et F. Macler, *Mission dans les régions désertiques de la Syrie moyenne*, p. 47, n. 1.

IMPRIMERIE NATIONALE.

l'ardeur du soleil. Tous les officiers tombèrent et succombèrent. Le nombre des morts dépassa 2,000 [hommes][1]. Quelques-uns seulement réussirent à se sauver par la fuite et à trouver quelque refuge.

Les [Ismaélites], après avoir franchi le Jourdain, campèrent à Jéricho. La terreur qu'ils inspiraient gagna les habitants du pays, qui firent tous leur soumission. Cette nuit-là les habitants de Jérusalem mirent à l'abri la croix du Seigneur et tous les ustensiles des églises de Dieu; ils les embarquèrent et les emmenèrent sur des vaisseaux au palais de Constantinople[2]; puis ils demandèrent [aux Ismaélites] la garantie d'un serment et leur firent leur soumission.

L'empereur des Grecs ne put plus dès lors opposer de troupes [aux Ismaélites] en rase campagne. Ceux-ci divisèrent leur armée en trois corps. Une partie se dirigea vers l'Égypte et s'en empara jusqu'à Alexandrie; la deuxième se porta vers le Nord contre l'empire grec et s'empara en un clin d'œil du pays [s'étendant] des rives de la mer jusqu'aux bords du fleuve Euphrate, et en deçà du fleuve [ils prirent] Édesse et toutes les villes de la Mésopotamie. La troisième partie marcha vers l'est contre l'empire perse.

Alors disparut le royaume des Perses ainsi que son armée divisée en trois parties. L'armée des Ismaélites qui avait été rassemblée en Orient vint assiéger Tizbon, où résidait le roi des Perses. Les troupes des Mèdes, portées au chiffre de 80,000 hommes armés par le général Ṙstom, marchèrent contre [les Ismaélites]. [Les Perses] quittèrent alors la ville et passèrent de l'autre côté du Tigre. A leur tour, [les Arabes] traversèrent le fleuve, les poursuivirent en toute hâte, et [les Perses] ne s'arrêtèrent pas avant

[1] Sur l'exagération du nombre des combattants, cf. H. Hübschmann, *Zur Geschichte*..., p. 13, n. 1.

[2] En 635, par suite des invasions des Arabes sous les ordres d'Omar, la Sainte Croix fut apportée à Constantinople et reçue par Sergius dans l'église de la Sainte Vierge. Cf. de Muralt, *Chronogr. byz.*, I, p. 289.

d'avoir atteint leur pays, dans un village nommé Herthiéan. [Les Arabes] les poursuivirent et campèrent dans la plaine. Là se trouvaient Mušel, Mamikonien, fils de David, commandant 3,000 Arméniens armés de pied en cap, et le prince Grégoire, seigneur de Siunie, avec 1,000 hommes.

L'action s'engagea et l'armée des Perses prit la fuite devant les Arabes, qui les poursuivirent et les passèrent au fil de l'épée. Là périrent les naxarars les plus considérables, ainsi que le général Ṙstam[1], Mušel avec ses deux neveux, et Grégoire, seigneur de Siunie, avec un de ses fils. Les autres échappèrent et s'enfuirent dans leur pays.

Lorsque les débris de l'armée perse furent arrivés dans l'Atrpatakan, ils se réunirent en un lieu et se donnèrent pour chef Xoṙoxazat[2]. Celui-ci se hâta d'accourir à Tizbon, s'empara de tous les trésors du royaume et des habitants des villes, ainsi que de leur roi, et s'empressa de les diriger vers l'Atrpatakan. Ils s'étaient à peine mis en route et éloignés, que l'armée des Ismaélites fondit à l'improviste sur eux. Épouvantés, [les Perses] abandonnèrent les trésors et les habitants des villes et s'enfuirent. A son tour, leur roi s'enfuit et se rendit à l'armée du sud. Mais les Ismaélites s'emparèrent de tous les trésors, retournèrent à Tizbon, firent prisonniers les habitants et dévastèrent tout le pays[3].

A cette époque, le bienheureux Héraclius acheva sa vie, à un âge avancé, après avoir régné 30 ans[4]. Il fit jurer à son fils Constantin d'user de miséricorde envers tous les criminels qui avaient été bannis par son ordre, et de laisser chacun réintégrer son foyer. Il lui fit également jurer de ramener l'aspet avec sa femme et ses enfants et de le rétablir dans ses anciennes fonctions. «Et s'il veut aller dans son pays, je le lui ai promis par serment.

[1] Ce fut à la bataille de Kadésia que *Roustem* fut tué (636).

[2] Sur ce successeur de Roustem, cf. H. Hübschmann, *Armen. Gramm.*, t. I, p. 43.

[3] Cf. E. Dulaurier, *Chron. arm.*, p. 214.

[4] Héraclius mourut d'hydropisie le 11 mars 641, âgé de 66 ans, après 30 ans 10 mois et 5 jours de règne. Cf. de Muralt, *Chronogr. byz.*, I, p. 292.

Que mon serment ne soit pas faux. Laisse-lui la faculté d'aller en paix. » Héraclius mourut[1] et son fils Constantin devint le maître[2]. En Arménie, aucun général ne fut élu, parce que les išxans, désunis, se tenaient éloignés les uns des autres.

L'armée dévastatrice [des Ismaélites] partit de l'Asorestan par le chemin de Dzor [pour aller] dans la contrée de Tarôn. Ils s'en emparèrent ainsi que de Bznunis et d'Aliovit; puis ils se dirigèrent vers la vallée de Berkri[3] par Ordspoy et Gogovit, et se répandirent dans l'Ararat. Aucun des soldats arméniens ne put apporter la triste nouvelle dans la ville de Dwin, sinon trois išxans, qui arrivaient pour rassembler les troupes dispersées; [c'étaient] Thêodoros Vahewuni, Xar̈hean Apawelean et Šapuh Amatuni, qui se hâtèrent de fuir à Dwin.

Arrivés au pont du Mecamawr[4], ils le détruisirent derrière eux et arrivèrent pour apporter dans la ville la triste nouvelle. Ils rassemblèrent dans la forteresse tous les gens du pays, venus là pour la vendange du vignoble. Quant à Thêodoros, il s'était rendu dans la ville de Naxčawan.

Lorsque les ennemis eurent atteint le pont du Mecamawr, ils ne purent pas le traverser; mais guidés par Vardik, prince de Mokkh, surnommé Aknik, ils franchirent le pont, pillèrent toute la contrée, firent beaucoup de butin et de captifs et vinrent camper au bord de la forêt de Xosrakert[5]. Le cinquième jour[6], ils assaillirent la ville[7], qui tomba en leur pouvoir. Ils l'avaient enveloppée de flammes, et ils repoussèrent les défenseurs des remparts par la fumée et à coups de flèches; ils apposèrent ensuite des échelles, escaladèrent les murailles, et pénétrèrent dans la ville, dont ils ouvrirent la porte. L'armée ennemie fit irruption et détruisit la population de la ville. Après avoir pillé la ville, ils l'abandonnèrent

(1) Cf. E. Dulaurier, *Chronol. arm.*, p. 227 et suiv.

(2) Le 12 mars 641.

(3) Dans le Vaspurakan.

(4) Sur la rivière Mecamor, cf. Saint-Martin, *Mémoires*, I, p. 40, 117; II, p. 402.

(5) Cf. *Xosrovakert* dans H. Hübschmann, *Arm. Gramm.*, I, p. 44.

(6) Le jeudi.

(7) Dwin.

et regagnèrent leur campement. Ceci arriva le 20 du mois de Trê[1], un vendredi.

Après avoir pris quelques jours de repos, [les Ismaélites] reprirent le chemin par lequel ils étaient venus, emmenant avec eux une foule de captifs, 35,000 personnes. Le prince des Arméniens Ṙštunis, qui s'était mis en embuscade avec quelques troupes dans le district de Gogovit, fondit sur eux; mais il eut le dessous et dut fuir devant eux. Les Arabes les poursuivirent, en tuèrent beaucoup et se dirigèrent vers l'Asorestan. Ceci se passait à l'époque du catholicos Ezr. A la suite de cette guerre, Théodoros, seigneur des Ṙštunis, fut nommé général en chef par l'empereur, et il reçut la dignité de patrice. Cet événement eut lieu à l'instigation du catholicos Nersês[2] qui, la même année, succéda à Ezr sur le siège catholicosal.

Lorsque les enfants d'Ismaël s'étaient dirigés du désert de Sin vers l'Orient, leur roi Omar[3] n'était pas allé avec eux; mais, après qu'ils eurent remporté des victoires et qu'ils eurent anéanti les deux empires, il s'était emparé du pays depuis l'Égypte jusqu'au grand Taurus et depuis la mer occidentale jusqu'en Médie et en Xužastan[4]. Puis avec les campements militaires royaux ils entrèrent dans le pays qui constitue proprement les possessions d'Ismaël.

Le roi donna l'ordre de réunir des navires et de les équiper de beaucoup de matelots pour se diriger par-delà la mer vers le sud et vers l'est, vers Pars, Sagastan, Sənt, Srman, dans le pays de Turan et Makuran, jusqu'aux frontières de l'Inde. Lorsque les troupes furent prêtes, après avoir fait diligence, elles accomplirent l'ordre [reçu] et mirent le feu à toute la terre, pillèrent et dévastèrent, et retournèrent dans leur pays, en traversant la mer.

(1) La prise de Dwin eut lieu le 6 octobre 642. Cf. E. Dulaurier, *Chronol. arm.*, p. 231. Dans la *Chronique de Denys de Tell-Mahré*, trad. Chabot, p. 6, il est dit que cette ville tomba en 641 au pouvoir des Arabes, et 12,000 Arméniens auraient péri.

(2) Nersês III, patriarche de 640-649 : surnommé *Sinawl* (le constructeur). Cf. Saint-Martin, *Mémoires*, I, p. 438.

(3) Texte : Ամռ = Amr.

(4) La Susiane.

Nous avons appris ces faits de prisonniers [venus] d'Arabie[1], qui en ont été témoins oculaires et nous les ont racontés.

CHAPITRE XXXI.

Des Juifs et de leurs mauvais desseins.

Je dirai encore les desseins des Juifs insurgés qui, ayant rencontré un certain temps l'assistance des Hagarachs[2], conçurent le dessein de réédifier le temple de Salomon; ayant découvert l'endroit qui s'appelle Saint des Saints, ils y construisirent avec les fondations et le bâtiment un lieu de prières pour eux-mêmes. Les Ismaélites, jaloux d'eux, les repoussèrent de cet endroit et appelèrent ce lieu leur [maison] de prières. [Les Juifs] construisirent dans un autre endroit, près du temple, un autre lieu de prières pour eux-mêmes; et se proposant un mauvais dessein, ils voulurent remplir Jérusalem d'un bout à l'autre de sang et y détruire tous les chrétiens. Or, l'un d'entre les grands d'Ismaël allait se prosterner au lieu de prières qui leur était réservé. Trois d'entre les principaux Juifs vinrent au devant de lui; il avaient tué deux porcs et les avaient portés et posés dans le lieu de prières, et avaient versé le sang sur les murs et sur le parquet de la maison[3]. Lorsque cet homme les vit, il s'arrêta et s'entretint avec eux. Eux lui répondirent, passèrent outre et s'en allèrent. Quant à lui, entrant de suite à l'intérieur pour prier, il vit le méfait [commis] et revint sur-le-champ pour arrêter ces hommes. Comme il ne les trouva pas, il se tut et s'en retourna chez lui. Ensuite plusieurs y entrèrent, virent le méfait et répandirent la mauvaise nouvelle dans toute la ville. Les Juifs informèrent le prince que les chrétiens avaient souillé le lieu de prières; le prince donna l'ordre de réunir

(1) Sur l'expression *ի Խուժաստան Տաճկաստանէ*, cf. H. Hübschmann, *Zur Geschichte*..., p. 18, n. 3.

(2) Les Arabes, en tant que descendants d'Agar, la concubine d'Abraham.

(3) Cf. une histoire analogue dans Michaud, *Histoire des Croisades*, I, p. 37 (5e éd.).

tous les chrétiens, et comme on allait les passer tous au fil de l'épée, l'homme vint, se présenta et dit : « Pourquoi versez-vous tant de sang innocent? Donnez l'ordre de rassembler tous les Juifs et je vous montrerai ceux qui méritent la mort. » Lorsqu'on les eut tous rassemblés, il pénétra parmi eux, reconnut les trois hommes qu'il avait rencontrés. On les saisit et on les soumit à un jugement sévère jusqu'à ce qu'ils eussent révélé le complot. Comme leur prince était de ces Juifs, il ordonna de tuer six hommes, les chefs du complot, et il permit aux autres de rentrer chez eux.

CHAPITRE XXXII[1].

Constantin meurt par la fourberie de sa mère. – Domination d'Eraklos, le fils de la deuxième femme d'Héraclius. – Le général Valentin se rend à Constantinople et fait régner Constance, le fils de Constantin. – Les Perses font la guerre aux Ismaélites et sont vaincus. – L'aspet Varaztiroch revient de captivité, ainsi que beaucoup d'autres. – Les Ismaélites se rendent dans l'Atrpatakan et se partagent en trois bandes; ils s'emparent de la forteresse d'Arcaph après une incursion dans le Sephhakan-Gund.

A la mort d'Héraclius[2], son fils Constantin régna et il établit général de ses troupes Valentin, surnommé l'Arsacide. Il ordonna aux siens de se rendre en Orient.

Constantin ne régna que quelques jours et mourut [victime] de la fourberie de Martina, l'épouse d'Héraclius[3]. Alors régna Eraklos[4], le fils d'Héraclius et de Martina[5] Augusta; car Constantin était de la première femme[6]. Valentin marcha avec son armée contre [Éraklos] à Constantinople. Il s'empara de Martina, lui coupa la langue et la mit à mort ainsi que ses deux fils[7]. Il établit

[1] Traduit en partie par H. Hübschmann, *Zur Geschichte Armeniens...*, p. 19 et suiv.

[2] Le 11 mars 641. Cf. de Muralt. *Chronogr. byz.*, I, p. 292.

[3] Il régna du 12 mars au 23 (?) juin 641 et serait mort empoisonné par Martina. Cf. de Muralt, *ibid.*, p. 293.

[4] Héracléonas. 641.

[5] Le texte porte *ի Մուրթինեայ* qui est manifestement une faute d'impression pour *ի Մարտինեայ*.

[6] Eudoxie.

[7] D'après de Muralt. *op. cit.*, p. 294, le Sénat fit couper la langue à Martina et le nez à son fils.

comme empereur Kostas, fils de Constantin, et le nomma Constantin, du nom de son père. Puis il rassembla ses troupes et marcha vers l'Orient.

La première année de Constantin[1], empereur des Grecs, et la dixième de Yazkert, roi des Perses, les troupes perses, fortes de 60,000 hommes, bien préparées et armées, furent rassemblées pour aller combattre les Ismaélites. Lorsque les Ismaélites, [forts de] 40,000 hommes, l'épée nue à la main, se furent rangés contre elles en ordre de bataille, ils luttèrent entre eux dans le canton de Marsəs[2], jusqu'à ce que, le combat ayant duré trois jours, l'infanterie des deux côtés fut anéantie. Tout à coup l'armée persane apprit que les Ismaélites avaient reçu des troupes de renfort. Alors les troupes persanes s'enfuirent du camp pendant toute la nuit; le lendemain matin, lorsque le reste de l'armée ismaélite se dirigea contre eux, ils ne trouvèrent personne dans le camp. Ils envahirent toute la contrée et passèrent au fil de l'épée hommes et bêtes. Ils s'emparèrent de vingt-deux forteresses et mirent à mort tous les êtres vivants qui s'y trouvaient.

Mais qui pourrait raconter l'horreur de l'invasion des Ismaélites, qui embrasèrent la mer et la terre? Le bienheureux Daniel a prévu et prophétisé de pareils maux, qui survinrent sur la terre, lui qui symbolise par quatre bêtes fauves les quatre royaumes qui devaient s'élever sur la terre. Et tout d'abord, la bête à forme humaine, le royaume d'Occident, qui est celui des Grecs; et cela est évident par ce qu'il dit : «Ses ailes tombèrent et il fut effacé de la terre.» Il indique la destruction de l'idolâtrie diabolique. «Et il se tint debout comme sur des pieds humains, et un cœur d'homme lui fut donné.» Et voici la deuxième bête semblable à un ours; il se tint d'un côté, du côté de l'Orient. Il désigne le royaume des Sassanides. «Et en ayant à la bouche trois côtes», [il veut dire] le royaume des Perses, des Mèdes et des Parthes. Et cela est évident

[1] 1re année de Constant II, 641-668. — [2] Cf. Sebêos. éd. Patk., p. 202, et H. Hübschmann. *Zur Geschichte Armeniens...*, p. 20, n. 1.

par le fait qu'on lui disait : « Allons, dévore les corps de plusieurs ». Comme d'ailleurs il a dévoré effectivement au su de tout le monde. « Et la troisième bête, comme un léopard; et quatre ailes d'oiseau sur lui; et quatre têtes de fauves ». Il veut dire le royaume du Nord, Gog et Magog, et leurs deux compagnons, auxquels fut donné le pouvoir de voler avec force en leur temps du côté du Nord. « Et la quatrième bête, terrible, étonnante; ses dents, en fer; ses serres, en cuivre; elle mangeait et broyait et foulait au pied le reste ». Il dit : cette quatrième se levant pour sortir du côté du sud [est] le royaume d'Ismaël, comme l'archange l'a expliqué : « La bête du quatrième royaume se lèvera, qui sera plus puissante que tous les royaumes et mangera toute la terre. Ses dix cornes, ce sont les dix rois qui s'élèveront; et ensuite il s'en élèvera un autre qui dépassera en méchanceté tous les précédents », et tout ce qui est dans le passage [1].

La deuxième année de Constantin [2], petit-fils du bienheureux Héraclius, Valentin conçut le projet de tromper habilement le Sénat et de s'élever à la dignité royale, afin que, ainsi couronné, il eût le commandement suprême de l'armée. Il appesantit le joug de servitude sur les habitants de la ville, il s'attacha les 3,000 soldats réguliers, qu'il conduisait avec lui, ainsi que beaucoup d'autres, et il fit d'eux son appui. Alors les hommes de la ville se rassemblèrent dans la sainte église de Dieu, auprès du patriarche; ils l'invitèrent à enlever le poids de la servitude, et mandèrent à Valentin de les affranchir de cette servitude. Mais il ne voulut rien entendre. Alors l'un des chefs, du nom d'Antoninos, dit à Valentin : « Que signifie l'alliance et le conseil de ceux-ci et comment peuvent-ils oser te communiquer si impudemment un pareil dessein ? Si tu m'en donnes l'ordre, j'irai briser leur alliance et anéantir leur projet. Je les renverrai tous chez eux, afin que ta volonté soit accomplie. » Il lui dit : « Va et agis selon ta parole. » Il partit avec

[1] Daniel, VII, *passim*. — [2] 642-643.

mille hommes et, lorsqu'il vint dans l'église, il commença à faire battre les principaux, en guise de châtiment. Le patriarche se leva et dit : « Il est tout à fait illégitime d'accomplir de tels actes en ce lieu. » Antoni[nos] se rua sur lui, lui souffleta le visage et dit : « Reste tranquille. » La foule exaspérée se précipita sur lui. On le saisit, on le traîna par les pieds au milieu de la ville et on le brûla. A cette nouvelle, Valentin fut saisi d'horreur. Mais la foule se porta aussitôt vers lui, on le tira du palais, on le décapita et on l'amena à l'endroit où on avait brûlé Antoninos[1]. On le brûla également là. On plaça Constantin sur le trône de l'empire et on nomma chef de l'armée Théodoros, un des fidèles princes arméniens, de ceux de l'Arménie grecque.

Lorsque celui-ci eut pris le commandement de l'armée, il demanda au roi, avec instance, comme une faveur, de se montrer miséricordieux à l'égard de ceux qui avaient été bannis en Afrique[2], particulièrement à l'égard de l'aspet[3], fils de Xosrov Šnum, nommé Smbat. Dieu adoucit le cœur de l'empereur, qui ordonna de les amener dans la ville impériale. Il les reçut comme des amis de l'empire et nomma le fils de l'aspet, Smbat, premier spathar[4] entre tous les spathars et candidat. Il le rétablit dans sa dignité première, dans la cinquième année de son règne[5], ainsi que Vahan Xorxoṗuni et les autres.

Il envoya en Arménie un chef du nom de Thuma. Celui-ci, ne voulant pas violer le traité [existant] entre l'empereur et le chef de la Médie, s'aboucha avec tous les chefs, se rendit auprès de celui des Mèdes et négocia avec lui au sujet de la paix. Il en reçut beaucoup de cadeaux et s'engagea par serment à faire amener au palais Théodoros, enchaîné, car il était le chef de l'Arménie. Puis il retourna à l'armée d'Arménie. Lorsqu'il arriva dans le pays des

(1) Texte : *զԱնտոնիոսն*.

(2) Ce passage explique le *որում Ափրիկէ կղզին* de Sebêos, éd. Patk., p. 103, l. 10, et *supra*, p. 93.

(3) Il s'agit de Varaztiroch.

(4) **Σπαθάριος**, cf. H. Hübschmann, *Arm. Gram.*, I, 380.

(5) 645-646.

Kotéens, ils tombèrent à l'improviste sur lui [sur Thèodoros], le firent prisonnier, le lièrent et le firent conduire devant l'empereur. Lorsque Constantin apprit ces choses, il en fut très troublé; car il n'avait pas donné l'ordre de l'enchaîner. Il ordonna donc de le délivrer de ses liens et de lire les lettres d'accusation. Lorsqu'il eut reconnu la fourberie, il manda auprès de lui [Thèodoros], le reçut amicalement et avec les honneurs dus à son rang; puis il fixa pour lui une pension annuelle sur la cassette royale[1]. Ensuite il fit appeler Thumas, mais lui interdit l'accès du palais, et fit poursuivre l'enquête hors [du palais]. On justifia Thèodoros, le seigneur des *R*štunis, dans ses actes, et justice lui fut faite. Thuma fut déchu de ses honneurs et dignités. Alors l'aspet et Thèodoros, le seigneur des *R*štunis, se virent et ils répandirent des larmes en s'embrassant, car ils avaient été élevés ensemble à la cour du roi de Perse Xosrov. Mais l'aspet ne pouvait pas se soumettre à la domination grecque; il médita une fourberie. Il demanda à l'empereur Constantin la permission d'envoyer en Arménie quatre personnes de sa maison pour lui chercher ses biens. L'empereur lui en fit donner l'autorisation. Il se déguisa, prit avec lui trois hommes et, lorsqu'il arriva au bord de la mer, montra l'autorisation impériale, se rendit sur un navire, traversa la mer et arriva, rapide comme un oiseau, à Taykh. Il s'y réfugia, car les Tayens le reçurent avec joie.

Alors un grand trouble survint en Arménie. L'empereur se hâta d'envoyer au général des Arméniens l'ordre d'occuper tous les passages et de faire des recherches dans les forteresses du pays. Mais lorsque la nouvelle arriva que [l'aspet] s'était réfugié chez les Arméniens, à Taykh, le général des Grecs, Thèodoros, d'accord avec les chefs de l'armée et les naxarars des Arméniens, ordonna d'envoyer à l'aspet le catholicos Nersès et de lui porter le serment de fidélité, s'il prétendait à l'išxanat de la région, ainsi que [l'offre] de lui amener sa femme et ses enfants. Le catholicos y alla et lui fit

[1] ռոճ ունելութիւն.

prêter serment de ne pas se diriger ailleurs; puis il revint [chez lui]. Ceux-là écrivirent à l'empereur Constantin que, conformément au serment, il remplirait sa promesse à son égard. Car l'aspet avait écrit en ces termes à l'empereur : « Je suis ton serviteur et je ne quitterai pas ton service. Mais, comme quelques-uns me disaient: — tu retourneras de nouveau là d'où tu es venu[1], — j'ai eu peur et je me suis enfui. Mais si vous m'en jugez digne, je travaillerai, je vivrai et mourrai à votre divin service. » Alors l'empereur Constantin ordonna de le nommer curopalate[2], de lui accorder la couronne d'honneur et de lui conférer l'išxanat du pays. Puis il lui fit envoyer en grande pompe sa femme et ses enfants et lui fit remettre des sièges en argent ainsi que d'autres riches présents. Tandis qu'on lui transmettait l'écrit et la marque honorifique, et sa nomination de curopalate, il tomba subitement malade et mourut. On prit son cadavre et on l'ensevelit auprès de son père à Dariwnkh.

L'empereur promut au rang de son père son fils aîné, nommé Smbat, tout en lui octroyant la *dignité héréditaire* de général en chef dans la dignité d'aspet et il le nomma drungar[3] de ses troupes. Il lui donna une femme de la maison des Arsacides, ses parents, et l'envoya au camp auprès de son armée. Puis il envoya en Arménie Thêodoros, le seigneur des Rštunis, avec de grands honneurs et le promut également à la dignité de général en chef. Et que les chefs arméniens y consentissent ou non, celui-ci vint et prit le commandement.

L'année suivante[4], l'armée ismaélite passa en Atrpatakan et se divisa en trois corps. Une partie alla vers l'Ararat, une autre dans le territoire des Sephhakan-Gund[5] et la troisième dans le

[1] C'est-à-dire retourner en exil en Afrique.

[2] Κ υροπαλάτης.

[3] Δρουγγάριος.

[4] En 643.

[5] Cf. H. Hübschmann, *Zur Gesch. Armen...*, p. 24, n. 2 : « Sephhakan = peculiaris, selectus, proprius, gund = cohors. Etwas näheres über diese kann ich nicht finden. Darf man die Sephhakan Gund mit der Tanutirakan Gund identificiren, so war ihr Gebiet die Distrikte Dzophq im vierten Armenien, Hashteanq und Arhberani ».

pays des Aluans. Ceux qui s'étaient rendus dans le domaine des Sephhakan-Gund, s'y répandirent à leur arrivée, détruisirent avec l'épée et firent du butin et des prisonniers. Ensuite ils marchèrent ensemble sur Erewan et attaquèrent la forteresse, mais ils ne purent s'en emparer. Ils partirent et vinrent à Ordspu, mais là encore ils ne purent rien faire. De là ils allèrent camper près d'Arcaph[1], en face de la forteresse, au bord de l'eau. Ils commencèrent à attaquer la forteresse, mais ils éprouvèrent de grandes pertes. Il y avait par derrière une issue par où l'on pouvait sortir du côté de la Syrie, que l'on nomme Kaxanaktuch. Quelques hommes descendirent de la forteresse par ce chemin pour chercher du renfort à la forteresse de Darawn. Smbat Bagratuni, le fils de Varaz Sahak, leur donna quarante hommes. Ils partirent[2] de nuit et sortirent de la forteresse; mais ils ne furent pas assez prudents. Les Ismaélites aperçurent l'endroit et, en suivant leur trace, montèrent dans la citadelle; ils occupèrent cet endroit au cours de la nuit. Ils se saisirent de dix hommes, préposés à la garde de l'endroit, qui dormaient, et les mirent à mort.

CHAPITRE XXXIII[3].

Le Seigneur délivre les prisonniers et anéantit les Ismaélites. – Les troupes qui s'étaient répandues dans l'Ararat, mettent en déroute les Tayeus, les Géorgiens et les Aluans. – Bataille navale des Ismaélites contre les Grecs. – Prokop se rend auprès de Moavia, chef des Ismaélites. – Traité avec les Grecs. – Actes du catholicos Nersès. – Querelle religieuse avec les Arméniens. – Réponse des Arméniens à l'empereur Constantin.

La deuxième année du règne de Constantin, le 23e jour du mois de hopi, un dimanche matin[4], les Ismaélites poussèrent de grandes clameurs tout autour de la citadelle, et passèrent ceux-ci [les

[1] Passage traduit et annoté par Dulaurier. *Chron. arm.*, p. 231 (notes 357).

[2] Le sens exige qu'on lise ելին ի բերդէն au lieu de ի բերդն; le copiste reproduit le ելին ի բերդն qu'on trouve deux lignes plus loin.

[3] En partie traduit par H. Hübschmann, *Zur Geschichte*..., p. 25-28.

[4] Le 10 août 643. Cf. E. Dulaurier. *Chronol. arm.*, p. 231 et suiv.

défenseurs] au fil de l'épée. Beaucoup se précipitèrent en bas des murailles et périrent. On fit descendre de la citadelle les femmes et les enfants pour les tuer. On fit une quantité innombrable de prisonniers et un grand butin de bestiaux. Mais le lendemain matin le chef de l'armée arménienne arriva contre les ennemis et leur infligea une grave défaite. De trois mille hommes bien armés, l'élite des troupes ismaélites, il n'en échappa aucun, sauf quelques fantassins, qui réussirent à gagner Šamb et à s'y retrancher. En ce jour-là, le Seigneur délivra les nombreux prisonniers des mains des Ismaélites et anéantit Ismaël par une grande défaite. Deux des chefs ismaélites, Othman et Ogomay[1], périrent. Ce fut une grande victoire pour le général arménien [Théodoros]. Celui-ci envoya à Constantin, comme présent provenant du butin de la bataille, cent superbes chevaux de courses; l'empereur s'en réjouit avec toute sa cour et lui fit exprimer sa reconnaissance.

Le corps d'armée qui était dans l'Ararat pénétra l'épée à la main jusque sur le territoire des Tayens, des Géorgiens et des Aluans et fit du butin et des prisonniers. Puis ils se dirigèrent vers Naxčawan contre l'armée qui assiégeait la ville de Naxčawan, sans pouvoir la prendre. Cependant ils prirent la ville de Xram, tuèrent la garnison et emmenèrent en captivité les femmes et les enfants.

Enfin le [chef du corps] qui était en Palestine[2] fit équiper une grande flotte. Il s'embarqua et commença la guerre contre Constantinople. Mais la guerre maritime ne lui réussit pas. Car beaucoup de troupes s'embarquèrent contre [ses hommes] les firent sombrer dans les profondeurs de la mer, les chassèrent par le feu (grégeois) et en mirent beaucoup en fuite. Néanmoins l'empereur effrayé jugea plus prudent de payer tribut et d'envoyer des ambassadeurs pour conclure un traité. Mais comme l'empereur grec Constantin était encore un enfant, il ne put accomplir la chose sans le consentement

[1] C'est l'Arabe 'Okba, d'après Łevond et Indjidjian, cités par H. Hübschmann, *Zur Geschichte*..., p. 25, n. 3.

[2] Moavia, dont Sebêos écrit le nom *Mawias* (Մաւիաս).

de l'armée et il manda à Prokop d'aller avec cette armée à Damas vers Moavia, le chef de l'armée ismaélite, et de conclure le traité de paix avec l'assentiment de l'armée. Lorsque Prokop eut reçu l'ordre impérial et consulté les soldats, il se rendit avec eux vers Moavia, le chef de l'armée ismaélite à Damas, indiqua le chiffre du tribut, détermina la frontière, obtint le traité et s'en alla[1].

En ce temps-là, le catholicos arménien Nersès conçut le plan de se bâtir une demeure près des saintes églises de la ville de Valaršapat[2], sur la route où, suivant la tradition, le roi Trdat alla à la rencontre de saint Grégoire. Il y construisit aussi une église au nom des anges[3] du ciel, des milices célestes, qui étaient apparues en songe à saint Grégoire. Il bâtit l'église, avec de hautes murailles et toutes sortes de merveilles, dignes de l'honneur divin auquel il les consacrait. Il amena l'eau de la rivière[4], rendit cultivable tout ce pays pierreux, planta des vignes et des vergers d'arbres fruitiers et entoura la maison d'habitation d'un haut et beau mur, à la gloire de Dieu.

(1) En 652. Cf. de Muralt, *Chronogr. byz.*, I, p. 298.

(2) Cf. Alishan, *Ararat*, p. 245; v. Thielmann, *Streifzüge im Kaukasus*..., p. 147 et suiv.

(3) Il s'agit évidemment de l'église de Zuarthnoch dont il subsiste des ruines considérables; v. une étude détaillée : Месропъ Теръ-Мовсесіянъ, *Раскопки развалинъ церкви св. Григорія*, dans les *Изв. имп. археол. ком.*, 7e cahier de l'année 1903; nous n'avons pu prendre connaissance de ce travail. Notre ami et condisciple, M. Pierre Aubry, chargé de mission au Caucase, au printemps de 1901, visita cette région au début des fouilles. Il a bien voulu mettre à notre disposition ses notes de voyage qu'il n'a pas encore publiées. Lors de son passage, on remarquait trois périodes dans les fouilles, période cunéiforme attestée par une inscription cunéiforme, période du temple païen d'Ierazamoin, période de l'église de saint Grégoire. M. Aubry compta 64 colonnes engagées, 5 entrées, 4 petits autels, 1 awag autel orienté au Levant, 4 aigles placés sur les chapiteaux des colonnes devant les quatre petits autels; le monogramme du catholicos Nersès est en grec; la croix est en forme de lys; c'est probablement le plus ancien type de croix arménienne; l'édifice était peint en divers endroits; il reste des traces de peinture sur les aigles : nombreux *graffiti* en différentes langues; on avait déjà découvert beaucoup d'objets, déposés au musée de l'endroit : fragments de mosaïque, de faïences polychromes, de charpentes; monnaies, osselets, ivoires, porte-lampes, etc.

(4) Du Qasakh, affluent de l'Araxe. Cf. H. Hübschmann, *Zur Geschichte Arm*..., p. 27, n. 2.

Mais le dragon rebelle ne s'arrêta pas; il voulut avec sa ruse combattre Dieu; il s'efforçait de susciter des persécutions contre les églises d'Arménie. Car sous le roi Constantin, petit-fils d'Héraclius, il mit en œuvre la ruse de sa méchanceté, il prit pour satellites les soldats qui étaient dans le pays des Grecs. Car les Arméniens n'acceptaient jamais de communier avec les Grecs au corps et au sang du Seigneur. Et voici qu'ils (les soldats) écrivent une [lettre d']accusation à Constantin, l'empereur des Grecs et au patriarche : «Nous sommes considérés comme des impies dans ce pays; car ils considèrent le concile de Chalcédoine et le tumar de Léon [1] comme des outrages au Dieu Christ et ils les anathématisent.»

Alors le roi, d'accord avec le patriarche, donna un ordre et on écrivit un décret aux Arméniens pour qu'ils fissent union de la foi avec les Grecs et qu'ils ne repoussassent pas ce concile et ce tumar. Il se trouvait là un homme du village de Bagrawan qui avait étudié l'art de la philosophie et dont le nom était Dawith; il donna l'ordre de l'envoyer en Arménie pour y faire cesser l'antagonisme. Tous les évêques et les naxarars des Arméniens se réunirent à Dwin [2] auprès du catholicos christophile Nersês et du pieux général arménien, Thêodoros, seigneur des *R*štunis. Ils virent les ordres du roi et ils entendirent les paroles du philosophe, qui enseignait la Trinité, d'après la décision du tumar de Léon. Et après l'avoir entendu, ils ne consentirent pas à changer la véritable doctrine de saint Grégoire, selon le tumar de Léon. Il semble convenable à tous de répondre à la lettre [de l'empereur].

Texte de la réponse à la lettre arrivée en Arménie de la part de Constantin, empereur des Grecs, qu'ont écrite les évêques d'Arménie et le catholicos Nersês, de concert avec les naxarars et le général Thêodoros, seigneur des *R*štunis.

[1] Sur la lettre de Léon, cf. H. Hübschmann, *Zur Geschichte*..., p. 27. — [2] D'après Saint-Martin, le sixième concile de Dwin eut lieu en 648.

Véritable et orthodoxe lettre nicéenne.

Je te prie, lis cela, toi qui as la foi chrétienne, ô [homme] pieux!

Nous avons le commandement des prophètes inspirés et des apôtres du Christ[1], de faire des prières pour ton pieux royaume et tous [tes] princes et soldats, et pour tout ton palais gardé par Dieu, où repose l'amour divin et où se montre la grâce des faveurs divines sur vous.

Car voici un royaume plus grand et plus puissant que tous les royaumes, couronné non par la main des hommes, mais par la droite de Dieu, que personne ne pourra remplacer, hormis le royaume du Christ; [il en est] de même du saint patriarcat, par la grâce de Dieu.

Naxarars et soldats christophiles, nous aussi, fiers de la splendeur de [ton] pieux royaume, nous sommes restés inébranlables au milieu des méchants et impies rois perses, lorsqu'ils ont supprimé le royaume et qu'ils ont fait périr toutes les troupes de l'Arménie, et qu'ils ont emmené en captivité les hommes et les femmes, et que, mettant et faisant briller leur épée sur ceux qui restaient, ils ont tenté de les induire en erreur, mais n'ont pu les ébranler : « Les impies ont eu honte aussi dans leur vanité[2]. » Jusqu'à ce que le roi Kawat et son fils Xosrov donnèrent l'ordre suivant : « que chacun garde sa foi et que personne ne se permette plus de vexer les Arméniens; car ils sont tous nos serviteurs de corps; mais pour les âmes, cela regarde celui qui juge l'âme. » Ensuite Xosrov fils d'Ormizd, après la captivité de Jérusalem, donna l'ordre à tous les évêques de la région d'Orient et d'Asorestan de se réunir à la Porte royale[3] et il dit : « J'entends qu'il y a deux partis parmi les chrétiens, et l'un anathématise l'autre; qu'est-ce qu'ils jugent comme étant le juste? Or, qu'ils se réunissent tous à la Porte royale pour

[1] Cf. Asolik, p. 92. — [2] Ps. XXIV, 4. — [3] à Ctésiphon?

qu'ils confirment ce qui est droit et qu'ils repoussent ce qui est faux.» Tous les évêques et les prêtres[1], et tous les fidèles de cette région se réunirent, et il mit sur eux comme ostikan Smbat Bagratuni, surnommé Xosrov Šnum, et le médecin en chef de la cour[2]. Il y avait aussi là, parmi les captifs, le patriarche Zacharie de Jérusalem, et de nombreux autres philosophes, qu'il avait faits prisonniers dans la ville d'Alexandrie; le roi Xosrov leur donna l'ordre d'examiner en toute justice et de faire connaître la vérité au roi. Tous se réunirent dans le *dahlič* royal, et il y eut du bruit; car quelques-uns étaient de la foi orthodoxe, selon l'écrit et le sceau des anciens rois; d'autres, nestoriens; puis, toutes sortes de gens. Le patriarche[3] lui-même s'avança et dit : «Cet homme ne sera pas appelé Dieu.» Et on fit connaître ces paroles au roi.

Le roi répondit et dit : «Sur l'ordre de qui est-il venu en cet endroit? Or, qu'il soit battu de verges et qu'il s'en aille;» de même, il donna l'ordre de faire sortir du tribunal de nombreuses autres sectes; il ordonna d'examiner seulement [les doctrines de] Nicée, de Constantinople, d'Ephèse et de Chalcédoine. Il y avait là deux évêques d'Arménie, hommes fidèles, qui avaient été envoyés pour instruire le roi de la tyrannie qui pesait sur le pays, Kumitas, évêque des Mamikoniens et Matthêos [évêque des] Amatunis. Ils avaient avec eux l'écrit de saint Grégoire. Le roi donna l'ordre de demander : «Sous quels rois ces conciles ont-ils eu lieu? Ils répondirent : «Le concile de Nicée s'est réuni sous Constantin; celui de Constantinople sous Théodose le Grand; celui d'Ephèse sous Théodose le Petit; celui de Chalcédoine sous Marcien.» Le

(1) Cf. Michel le Syrien, *Histoire*, éd. de Jérusalem, 1871, p. 286 et suiv.

(2) Sur le conseil de son médecin Jonan, Xosrov ordonna de massacrer les Édesséniens qui ne se feraient pas Jacobites. Cf. Lebeau, t. X, p. 442. Plus tard, Xosrov contraignit les chrétiens de Perse à se faire Nestoriens. Cf. Lebeau, t. XI, p. 111, et H. Hübschmann, *Zur Geschichte...*, p. 28, n. 1.

(3) Il y a manifestement une lacune dans ce passage; on ne peut songer à la combler au moyen du parallèle d'Asolik, dont le texte également corrompu en cet endroit.

roi répondit et dit : « Les ordres de trois rois semblent être plus vrais que ceux d'un seul. » Et le roi ayant appris qui était Nestorius, d'où il était, à quel concile [il avait pris part] et ce qu'il avait dit, ordonna de faire sortir du tribunal les Nestoriens. De même il demanda pour le concile de Chalcédoine : « Qui étaient les chefs ? » On lui fit connaître et on lui dit que, à Nicée et à Constantinople, c'étaient les rois eux-mêmes, Constantin et Théodose le Grand ; à Ephèse, c'était Cyrille, l'évêque d'Alexandrie, et à Chalcédoine, l'évêque Theodoretos, qui partageait les idées de Nestorius.

Il y avait là le catholicos Eran, et d'autres évêques de l'Asorestan, de l'Arnastan, du Xužastan et d'autres pays ; le roi Xosrov donna l'ordre de démolir toutes leurs églises et de les passer tous au fil de l'épée, s'ils ne se détournaient de l'erreur ; et s'ils ne suivaient la route royale. . . Tenaient le parti de Chalcédoine le catholicos de Géorgie et d'Albanie avec beaucoup d'évêques de la région grecque et des chefs qui étaient venus au service du roi de Perse[1] ; il leur fit offrir la discussion[2]. Il demanda un rapport des deux partis, sur le concile de Nicée sous Constantin, sur celui de Constantinople sous Théodose le Grand, sur celui d'Ephèse sous Théodose le Petit et sur celui de Chalcédoine sous Marcien pour examiner tout et le bien approfondir. Lorsqu'il connut tout exactement et qu'il en eut une idée véritable, il les interrogea et dit : « Ces trois-là, pourquoi n'ont-ils pas dit : deux natures séparées, comme celui-ci ? il est évident qu'il faut nous diviser nous-mêmes en deux, et dire qu'il y a deux rois, et non pas un. Car moi-même, je suis de deux natures, et de père et de mère, et d'âme et de corps. Mais si la divinité n'est pas partout, et si elle ne peut pas devenir ou faire tout ce qu'elle veut, qu'est la divinité ? » Puis il donna

[1] Passage corrompu, traduit d'après le sens général.

[2] Lire զփայքար ; փայքար est une autre manière d'écrire պայքար, qui est un mot d'origine persane ; le փ au lieu de պ est relativement récent : cf. H. Hübschmann, *Arm. Gramm.*, I, p. 220.

l'ordre d'interroger Zacharie, patriarche de Jérusalem, et le philosophe d'Alexandrie, avec promesse de dire la vérité sous serment. Ils répondirent et dirent : « Si nous n'avions pas dévié de Dieu, il n'aurait pas lui-même avec colère dévié de nous; mais maintenant craignant Dieu, nous dirons la vérité devant vous : La foi véritable est celle qu'on a proclamée à Nicée sous le bienheureux Constantin, et celle de Constantinople et d'Ephèse, d'accord avec elle ; et, d'accord avec elle, la foi véritable des Arméniens. Quant à ce qui a été dit en Chalcédoine, cela n'est pas d'accord avec elle, comme Votre Bienfaisance le sait. » Le roi ordonna de chercher dans le trésor et on trouva la véritable foi de Nicée, écrite, et il examina la concordance avec la foi des Arméniens, qui était scellée avec l'annèau du roi Kawat et de son fils Xosrov ; sur quoi le roi Xosrov donna l'ordre suivant : « Que tous les chrétiens qui sont sous mon pouvoir aient la foi des Arméniens. Et de même ceux qui ont la même foi que les Arméniens dans les régions de l'Asorestan, Kamyišov[1] le métropolite et dix autres évêques, et la pieuse reine Širin[2], et le brave Smbat et le grand médecin en chef. » Le roi Xosrov ordonna de sceller un exemplaire de la confession véritable avec son anneau et de le mettre dans le trésor royal.

Et maintenant, puisque Dieu nous a fait sortir du service du pouvoir des ténèbres et nous a accordé [de faire partie de] votre royaume de la cité céleste, avec combien plus d'ardeur ne devons-nous pas demander au Christ-Dieu de conserver éternellement inébranlable votre royaume pieux et ami de Dieu et qu'il [jouisse] comme des jours du ciel sur la terre[3] avec de nombreuses victoires, dominant sur tout l'univers, sur mer et sur terre ; bien que par le corps vous soyiez de la race humaine, vous prenez place au rang divin, et la lumière glorieuse de votre pieux royaume remplit

(1) Métropolite de Syrie ; cf. H. Hübschmann, *Arm. Gramm.*, I, p. 294. Sur *Kamjesu*, cf. Sebêos, éd. Patk., p. 123, n. 1.

(2) Femme de Xosrov II, Araméenne des environs de ce qui fut plus tard Basra. Cf. H. Hübschmann, *Arm. Gramm.*, I, p. 62.

(3) Fin de la citation dans Asolik.

tout sur la terre; vous qui êtes couronné par le ciel, vous l'objet de la gloire de tous les chrétiens, par la puissance du signe de la Croix divine, [vous] qui ressemblez à votre père le bienheureux Héraclius, qui aimait Dieu, qui adorait Dieu, que Dieu a béni, le bra[illegible], le victorieux, le libérateur. Et maintenant que le Dieu Christ [t']accorde la même faveur par l'entremise de ta piété.

Au sujet de l'union de la foi, nous avons reçu l'ordre d'examiner la question, et le rescrit touchant la piété de la confession nous a été envoyé à nous, indignes serviteurs. En le voyant, nous nous sommes prosternés, et avec grande allégresse, nous avons glorifié le Christ et nous avons béni le bienfait. Et maintenant, voici comment nous avons appris la vérité de la foi. L'évangéliste Jean dit : « Au commencement était le Verbe, et le Verbe était auprès de Dieu et le Verbe était Dieu[1]. » Et le même [Jean] dit encore dans son [épître] catholique : « Ce qui était dès le commencement, ce que nous avons entendu, ce que nous avons vu de nos yeux, ce que nous avons contemplé et que nos mains ont touché, concernant la parole de vie[2] », « Voici le Verbe a été fait chair[3] », « et la vie a été manifestée, et nous avons vu, et nous rendons témoignage, et nous vous annonçons la vie éternelle, qui était avec le Père et qui s'est manifestée à nous[4] ». Le même Jean dit dans l'évangile : « Personne n'a vu Dieu[5] ». Et Paul dit : « Celui que personne parmi les hommes n'a vu et ne peut voir[6] ». Or, pourquoi dit-il que « nous l'avons vu de nos propres yeux[7] » et « celui que nous avons vu et que nos mains ont touché fut le Verbe de la vie », et « celui qui était auprès du Père et qui nous est apparu[8] », celui-là très terrible, comme cela convient aussi selon la divinité; et celui-ci très humble et très charitable, selon la nature humaine. Mais il est évident qu'il raconte l'incarnation de

(1) Jean, I, 1.
(2) I Jean, I, 1.
(3) Jean, I, 14. Le texte du N. T. porte Եւ բանն մարմին եղեւ.
(4) I Jean, I, 2.
(5) I Jean, IV, 12. L'Évangile, I, 18. dit : զԱստուած ոչ ոք ետես երբեք.
(6) I Tim., VI, 16.
(7) I Jean, I, 1.
(8) I Jean, I, 2.

Dieu, comme le Verbe du Seigneur raconte que «celui qui m'a vu a vu le Père[1]». Il a dit : *me*, comme *un*, et non pas *nous* comme *deux*. Là il parlait seulement de la divinité : «Celui qui seul a l'immortalité et qui demeure dans la lumière terrible et inaccessible[2]». Et maintenant [il parle] de l'humanité et de la divinité; car l'invisible ne paraissait pas; mais dans le visible on voyait l'invisible; dans le visible, la paternelle nature divine et la maternelle nature humaine; car la nature du père s'est unie à la nature humaine, en une unité immuable. Et [ainsi] il est né d'une seule nature [à la fois] Dieu et homme, comme la lumière. L'apôtre de Tarse raconte : «Dieu, dit-il, est un, et un l'intermédiaire entre Dieu et les hommes[3].» «Or il n'y a pas d'intermédiaire d'un seul[4].» Car l'union ne se fait qu'entre deux : comme d'Abraham et de Sara ensemble naquit Isaac; ainsi le Christ est né de l'Esprit saint et de Marie, avec une nature une, d'une unité non mêlée et non confondue, indicible, selon Dieu, [en tant qu'il vient] du Père, car la virginité [de la mère] n'a pas été brisée.

Or le Seigneur Jésus-Christ, Dieu et homme, est nu, vie suspendue au bois sous les yeux [de tout le monde], par les meurtrissures duquel nous avons été tous guéris, selon la voix du premier prophète[5]. Ainsi le bienheureux Jean raconte l'union dans son [épître] catholique, en disant : «C'est celui qui est venu avec l'eau et avec l'esprit[6] et avec le sang, lui Jésus-Christ; non seulement avec l'eau, mais avec le sang et l'eau; et c'est l'Esprit qui rend témoignage, car l'Esprit est la vérité[7]. Car ils sont trois qui rendent témoignage : l'Esprit, l'eau et le sang; et ces trois sont un.

(1) Jean, XIV, 9.

(2) I Tim., VI, 16.

(3) I Tim., II, 5.

(4) Gal., III, 20.

(5) Es., LIII, 5.

(6) Հոգւով manque dans le grec, mais se trouve dans l'arménien.

(7) Manque le célèbre passage des trois témoins, I Jean, V, 7 «Car il y en a trois qui rendent témoignage dans le ciel : le Père, la Parole et le Saint-Esprit; et ces trois-là sont un». Sur les ratures dont ce passage a été l'objet, voir un ms. arménien du XIIe siècle de la Bibliothèque nationale de Paris, ancien fonds arménien 9, fol. 99 et suiv. Cf. note de Zohrab.

Si nous recevons le témoignage des hommes, le témoignage de Dieu est d'un plus grand poids, [et c'est le témoignage] qu'il a rendu de son fils[1]. Or «c'est ici mon fils bien-aimé, en qui j'ai mis mon affection; écoutez-le[2].» Il n'a pas divisé en deux natures, en deux personnes et en deux esprits; mais en disant: c'est celui-ci, il a révélé l'union. C'est ce qu'exprime le même évangéliste, en disant: «L'Esprit, l'eau et le sang; tous les trois sont un[3].» Ailleurs, il dit: «Et le sang de Jésus son fils nous lave de tous les péchés[4]». Voici que Jésus-Christ est fils de Dieu et fils de l'homme, et tous les deux ensemble [sont] une seule nature. Or il est évident à tous que la divinité est incorporelle et immortelle; mais ce qui est plus merveilleux et plus bienfaisant, plus admirable et symbolisant plus de miséricorde, c'est que l'incorporel s'est incarné et que l'invisible est devenu visible; l'impalpable, palpable; l'éternel a eu un commencement, le fils de Dieu est devenu fils de l'homme et a mêlé son humanité à sa divinité. Or, au sujet de son abaissement jusqu'à la mort et à la mort sur la croix, l'apôtre de Dieu dit: «Alors que nous étions des ennemis, nous avons été réconciliés avec Dieu par la mort de son fils[5].» Et il dit encore: «Qui n'a pas épargné son fils, mais l'a livré pour nous tous[6].» Et encore: «Si [la sagesse de Dieu] avait été connue, on n'aurait pas crucifié le seigneur de gloire[7].» Et encore: «Dieu envoya son fils sous la ressemblance du corps pécheur, et pour les péchés [du monde] il a condamné les péchés dans ce corps-là[8].» Que veut dire: il a condamné? Cela signifie qu'il a vaincu celui qui avait le pouvoir de la mort, c'est-à-dire le diable. Et comme aux serviteurs de la vigne, le Seigneur dira: «Comme[9] la saison des fruits était proche, il envoya ses serviteurs vers les vignerons pour recevoir les fruits de la [vigne]. Mais les vignerons, s'étant saisis de ses

(1) Cf. I Jean, v, 6 et suiv.
(2) Combinaison de Marc, I, 11; IX, 7; et les parallèles.
(3) I Jean, v, 8.
(4) I Jean, I, 7.
(5) Rom., v, 10.
(6) Rom., VIII, 32.
(7) I Cor., II, 8.
(8) Rom., VIII, 3.
(9) Matth., XXI, 34 et suiv.

serviteurs, battirent les uns, maltraitèrent les autres et en tuèrent d'autres[1]. Enfin il envoya son fils, disant : ils auront du respect pour mon fils. Mais lorsque les vignerons virent le fils, ils disent : « Celui-ci est l'héritier ; venez, tuons-le, et l'héritage sera à nous. Et l'ayant mis hors de la vigne, ils le tuèrent[2]. » Or non seulement le Verbe est fils de Dieu, mais, est Verbe et corps, et le corps [est] ensemble avec le Verbe ; car bien que le corps soit homme, il est aussi Dieu. Or ceux qui, dès le commencement, ont été témoins oculaires et serviteurs du Verbe, ont enseigné évidemment à leurs disciples, et ceux-ci encore ont enseigné la même chose à leurs disciples, puis ils ont établi la même tradition par l'Écriture. Et beaucoup parmi les apôtres ont reçu l'imposition des mains épiscopale, comme Yustianos, Enauklitos et Klementos à Rome ; Ananias à Alexandrie ; Šmawon (Siméon) Kléovpeanch[3] à Jérusalem ; Dionêsios Arispagachi à Athènes ; et l'autre Dionêsios à Corinthe ; et l'autre Timotheos à Ephèse ; et Titos en Crète ; Polikarpos à Smyrne d'Asie, et Ewodia, qui est Pierre, à Antioche ; Erenios de Galilée, disciple de Polikarpos dans l'église des Laodicéens ; et d'autres, innombrable multitude d'admirables évêques, de prêtres et d'orateurs inspirés, de philosophes et d'admirables fils de l'Église, qui ont gravé par écrit, sur chaque église, selon la voix apostolique, la véritable foi de l'Eglise. Il est connu par le concile de Nicée que tous ceux-là étaient pleinement des disciples, qui ont reçu des apôtres et ont établi la même chose à Nicée. Car ils ont dit du fils : « Même nature avec le Père, par lequel tout fut créé dans le ciel et sur la terre, qui, pour nous, devint homme[4] et pour notre salut[5]. » Ainsi

[1] Manque le verset 36.

[2] Cf. Matth., XXI, 34 et suiv. Le texte porte, p. 126, l. 12-13 (éd. Patk.) : զծառայս իւր առ [մշակս առ] նուլ... L'omission est facile à expliquer.

[3] Frère de Jacques le Mineur et fils de Kléopas, l'un des deux disciples d'Emmaüs, d'après la tradition.

[4] Le texte porte ici մարդացաւ (p. 127, l. 6), tandis que le texte de Nicée porte : մարդկան (p. 129, l. 15). Nous croyons néanmoins devoir garder la leçon de notre passage.

[5] Cf. la formule de Nicée, p. 129, l. 14 et suiv. (éd. Patk.).

encore saint Grégoire nous a prêché ce qu'il avait appris de ses prédécesseurs : « Ceux qui ont cru au corps, il leur a fait connaître sa divinité, et ceux qui n'ont pas cru au corps ont renié sa nature. Car il s'est incarné en une seule nature, et il a mêlé et uni l'humanité avec sa divinité, l'immortel avec le mortel, car il rendra tous les hommes indétachables de son immortelle divinité. » Or nous avons une foi, qui n'a pas été définie récemment, mais telle que nous l'avons reçue des saints apôtres par l'entremise de notre pontife saint Grégoire, qui a prêché au roi Trdat et aux chefs d'Arménie, environ trente ans avant Constantin. Et saint Łewond, le grand archevêque de Césarée, où saint Grégoire fut élevé et instruit, et qui le sacra pontife, lui aussi a établi la même tradition [1]. Une deuxième fois, les saints et véritables pères se sont encore réunis à Nicée sur l'ordre du pieux roi Constantin, et ils ont rejeté la fureur de la secte impie et ils ont semé la véritable foi dans tout l'univers. Et notre saint Ṙstakès, fils de saint Grégoire, y assista et reçut du saint concile les ordres de la foi et du grand roi Constantin; il les apporta et les offrit au roi Trdat qui aimait le Christ et au saint pontife Grégoire, avec les ordres du bienheureux Constantin. Nous restons établis sur ces [données], et nous les considérons comme suffisantes dans la doctrine de la véritable foi, suivant ce qui a été dit : « Ne change pas les limites de la foi qu'établirent tes pères [2]. »

Et encore une autre fois [3], lorsque le roi Trdat fit ses préparatifs et prit avec lui le saint évêque Grégoire et son fils l'évêque Ṙstakès, et que, avec l'escorte militaire des quatre *gaherêch* de son palais; et 70,000 personnes choisies parmi les principaux de tous ses États, il se rendit à Rome pour voir Constantin [4]. Dès qu'ils

[1] P. 127, l. 17 et suiv., de l'éd. Patk., *première* confirmation de la foi arménienne par Léonce.

[2] P. 127, l. 20-31, de l'édit. Patk., *deuxième* confirmation par le concile de Nicée.

[3] P. 127, l. 32 et suiv., de l'édition Patkanian, *troisième* confirmation par Constantin. Il faut donc changer Երկրորդ du texte en Երրորդ et lire *troisième* au lieu de *deuxième*.

[4] Cf. Agath., p. 508 et suiv.

s'aperçurent, Constantin vint au-devant de saint Grégoire et s'inclina à ses pieds *pour être béni par lui*[1]. Alors ils prirent pour intermédiaire la foi qui [est] en le Seigneur Jésus-Christ; et, sous serment, les deux rois s'unirent, en consolidant la paix ensemble, pour toujours, entre les deux rois; et ils ont établi pour nous la vérité de la foi, que le saint Esprit établit pour nous.

Nous ignorons les autres conciles, réunis en divers endroits, et nous considérons que ce [que j'ai énuméré] contient les fondements de la foi de ton pieux palais, du bienheureux Constantin et du concile de Nicée. Et quiconque en a davantage, quand même ce serait un ange du ciel, qu'il soit anathème[2]! Or tous les docteurs de l'Église, qui ont excellé dans l'art de la philosophie et se sont initiés à la révélation divine, ayant reçu des saints apôtres le véritable fondement [de la foi] sont partis de chez vous et l'ont prêché dans l'univers tout entier. Notre saint et véridique catholicos Grégoire, élevé et instruit à Césarée de Cappadoce nous a enseigné la doctrine sur laquelle étant fondés, nous restons inébranlables jusqu'aujourd'hui; et avec lui, nous avons comme docteurs les saints pères véridiques qui tous ont parlé à Nicée : Yustianos, Dionêsios et Bektovr, évêques de Rome; Dionêsios d'Alexandrie; Pierre le témoin; Théophilos et Athanase et l'évêque Cyrille d'Alexandrie et l'évêque Basile de Césarée, et Grégoire de Nazianze, et le thaumaturge Grégoire de Néocésarée, et Grégoire de Nysse[3], frère de Basile, et d'autres pasteurs orthodoxes en quantité innombrable qui parlent de la même manière qu'eux, et dont l'histoire est connue.

Or comme les ennemis de la piété, en faisant invasion plusieurs fois, ont perdu notre pays, et comme les hommes ont perdu le pays ils ont également détruit les testaments de l'Église et les vardapets; il n'y a plus de testaments ni de vardapets; nous ne connaissons plus notre littérature et notre culture; mais dans la mesure où est restée en divers endroits une histoire des doctrines, elle

(1) Cf. Agath., p. 504, l. 14 et suiv. — (2) Cf. Gal., I, 8. — (3) Auteur de la première dogmatique spéculative, intitulée : λόγος κατηχητικος ὁ μέγας.

nous enseigne de cette manière la vérité de la foi qui fut proclamée à Nicée, lumière vers laquelle s'empressait d'arriver *R*stakès, fils de saint Grégoire. Et ainsi fut publiée la parole du concile synodal de Nicée :

CREDO DU CONCILE DE NICÉE[1].

« Nous croyons en un seul Dieu, père, tout-puissant, créateur du ciel et de la terre, tant des choses visibles que des invisibles; et en un Seigneur Jésus-Christ, fils de Dieu, né de Dieu le père, unique, c'est-à-dire de l'essence du Père, Dieu de Dieu, lumière de la lumière, dieu véritable du Dieu véritable, engendré et non créé, de même nature que le père, par qui tout a été [créé] au ciel et sur la terre, tant les choses visibles que les invisibles; qui, pour nous et pour notre salut, descendant [sur la terre] s'incarna, se fit homme, naquit absolument de Marie, la sainte Vierge, par le saint Esprit, et qui reçut âme, corps, esprit et tout ce qui est dans l'homme, véritablement, et non en apparence; qui fut torturé, c'est-à-dire crucifié, enseveli, et au troisième jour ressuscita, monta au ciel avec le même corps [et il s'assit à la droite du père; il viendra avec le même corps et] avec la gloire du père juger les vivants et les morts; il n'y a pas de fin à son règne. Nous croyons aussi au Saint-Esprit, non créé, parfait, qui a parlé dans la loi, dans les prophètes et dans les évangiles, qui descendit au Jourdain, prêcha par les apôtres et habita dans les saints. Nous croyons aussi à l'unique Église universelle, à un seul baptême, à la pénitence, à la rémission des péchés, à la résurrection des morts, au jugement éternel des âmes et des corps, au royaume des cieux et à la vie éternelle. Quant à ceux qui disent qu'il était un temps où le Fils n'existait pas, ou bien qu'il était un temps où le Saint-Esprit n'existait pas, ou qu'ils furent créés du néant, ou qui disent que le Fils de Dieu ou le Saint-Esprit sont d'une autre essence ou existence.

[1] Cf. Dr. Aršak Ter-Mikelian, *Die Armenische Kirche in ihren Beziehungen zur Byzantinischen* (vom IV. bis zum XIII. Jahrhundert). Leipzig, 1892, p. 22 et suiv.

ou variable, ou altérable, nous les anathématisons, car l'Église universelle et apostolique les anathématise.

« Et nous glorifions celui qui était avant l'éternité, en adorant la sainte Trinité et la divinité simultanée du Père, du Fils et du Saint-Esprit, maintenant et toujours et dans les éternités des éternités. Amen. »

Et ensuite ils furent appelés à Rome et se présentèrent devant le roi Constantin et lui enseignèrent la foi véritable et posèrent par leur témoignage le fondement de la foi.

En l'an (284)[1] de notre Sauveur Jésus-Christ qui nous a donné la vie, Dioclétien régnait avec ses trois collègues du royaume des Romains. [Et] ils suscitèrent des persécutions contre les chrétiens, ils dévastèrent toutes les églises dans tout leur empire. Et en l'année 75e [de sa vie] mourut Constantin, et son fils Constantin régna en Gaule et en Espagne. Il livra bataille à Maximien, à Maximintos son fils, à Likianos et à Marcien; il les vainquit et les tua, car il crut en un seul Dieu, maître de tout, et en son fils Jésus-Christ. Il comprit que c'est lui qui lui avait donné la victoire, et il donna l'ordre aux chrétiens de construire des églises et de délivrer les endroits où les martyrs étaient déposés, et il combla de grands honneurs les chrétiens. Il donna l'ordre à tous les évêques de se réunir dans la ville de Nicée; les évêques et de nombreux saints se réunirent. Ils restèrent là pendant quinze jours, puis il les fit entrer dans le palais, et tandis qu'ils se tenaient réunis tous ensemble dans une salle dorée, il entra et se tint au milieu d'eux. Il fit cette profession [de foi] : Je suis chrétien et serviteur du Dieu tout puissant et de son fils bien-aimé Jésus-Christ. Et une enquête sur la foi fut faite par tous les évêques, devant le roi Constantin. Ils examinèrent les livres et écrivirent la foi véritable qui nous fut

[1] 284 est une correction proposée par Patkanian, éd. Sebêos, p. 130.

proclamée à Nicée, [foi qui a duré] depuis l'empereur Néron jusqu'au bienheureux Constantin, et de Constantin jusqu'au roi Marcien, qu'ont eue tous les docteurs, les principaux guides de l'Église, depuis le vaillant Théophile[1], le grand architecte des belles villes d'Égypte, d'Alexandrie, de Rome, de Constantinople, d'Athènes, de Cilicie, tous les docteurs de l'Église jusqu'aux jours de Marcien, jusqu'au *tumar*[2] de Léon, de Théodoritos, chef du concile de Chalcédoine, que [Léon] a confirmé d'une manière hétérodoxe. « Et nous, nous ne devons nous glorifier qu'en la croix de notre Seigneur Jésus-Christ[3]. » David aussi lui-même se glorifie par la croix de son fils; elle ne fut pas considérée comme un outrage à la divinité, mais le Seigneur l'a parfois appelée : Chars de Dieu, parfois : Mont Sinaï, et parfois : Hauteur du ciel. Car il dit : « Chars de Dieu par myriades, des milliers de conducteurs, et le Seigneur en eux, sur le Sinaï de sainteté. Il monta sur les hauteurs et captura les captifs[4] »; et encore : « Chars de Dieu par myriades, des milliers de conducteurs, et le Seigneur en eux ». Car c'est par myriades de myriades que se compte la puissance et la gloire de la croix du Christ, qui porte le créateur du ciel et de la terre. Les milliers de Juifs l'ont élevé : « Et le Seigneur en eux sur le saint Sinaï. » Y aurait-il quelque espoir pour eux? Cela est évident par la puissance infiniment grande et la gloire de la croix, par laquelle il a délivré les captifs; et c'est pourquoi nous n'avons pas honte de dire au fils de Dieu : « Saint et immortel, qui fus crucifié pour nous, aie pitié de nous. »

Quant au sacrement du Seigneur, que nous distribuons avec grande prudence, il en est de même; nous n'avons pas le pouvoir de fournir le pur aux impurs[5]. Car nous avons les canons [renfermant]

(1) Luc, I, 3.

(2) *mnt.diup.* Sur la lettre du pape Léon Ier à Flavien et la faute de traduction commise par le copiste, cf. *La Colombe du Massis*, 1855, p. 253 et suiv.

(3) Gal., VI, 14.

(4) Ps. LXVIII, 18, 19.

(5) La sévérité de l'église arménienne en matière d'empêchements de mariage est due en grande part à l'antagonisme entre l'église grecque et l'église arménienne.

des règles et des lois universelles, pour les hommes et pour les femmes; ceux qui s'unissent étant vierges peuvent jouir sans honte du corps du Seigneur; selon ce qui a été dit : «Le mariage est honorable en tout, et le lit sans souillure[1].» Quant aux secondes [noces], même si l'un des conjoints est vierge et l'un seulement déjà marié, il est ordonné que tous les deux fassent pénitence durant trois ans, et ils doivent ensuite se conformer aux lois. Quant aux troisièmes et quatrièmes [noces], l'Église ne les admet pas, et l'on n'ose même pas prononcer alors le mot de communion, selon ce qui a été dit : «Qui mange et boit avec indignité, mange et boit sa propre condamnation, car il ne discerne pas le corps du Seigneur[2].» Et la voix divine proteste de «ne pas donner les choses saintes aux chiens[3].»

Sur les tablettes de pierre aussi, il a écrit de son doigt un des dix oracles : «Ne commets pas adultère[4].» Mais nous voyons que, chez les anciens et chez les premiers philosophes, la fornication était considérée comme impure et répugnante. Car Solon l'Athénien a établi des lois pour les Athéniens, leur prescrivant de se tenir à l'écart de la fornication[5] et de ne pas admettre le fils de la prostituée à l'héritage. Lycurgue le Lacédémonien ordonna aussi dans sa législation aux Lacédémoniens de se tenir à l'écart de la fornication, et même de ne pas enterrer les fils de prostituées.

On demandait à une femme nommée Thêanov[6], élève de Pythagore : Combien de jours après s'être approché d'une femme, est-il permis d'aller à la cour? Elle répondit : «Si c'est de sa femme, on peut [toujours] entrer, si c'est d'une autre, on ne le peut jamais.»

[1] Hébr., XIII, 4.
[2] I Cor., XI, 29.
[3] Matth., VII, 6.
[4] Exode, XX, 14.
[5] Cf. Baumgartner, *Die Chrie*, p. 467 et suiv.
[6] D'après une note de Patkanian, p. 132, le ms. porte Thêanov, leçon confirmée par le texte de la *Rhétorique* de Moïse de Khoren (p. 352), d'où le passage est tiré. Voir le grec ap. Baumgartner. Cf. Baumgartner, *Die Chrie*, p. 465; Dashian, *Secundus*, p. 26. Le texte, édit. Patk., p. 132, l. 15, porte Athêanov.

Or, si ceux-là même [les païens] embrassaient de cette façon la continence, combien davantage devons-nous accomplir avec crainte la parole apostolique : « Fuyez la fornication[1] », car bien qu'il n'y ait pas de juste, pas même un seul[2], il ne faut pas outrager le corps divin audacieusement. Comment la bouche impure s'approchera-t-elle? Ou bien comment le tremblement ne saisirait-il pas celui qui communie s'il approchait sans respect le feu vivant? Même avec des pinces, le prophète lui-même ne méritait pas de le goûter; mais seulement, en s'approchant de ses lèvres, il reçut la pureté[3].

Et maintenant, convient-il à un homme impur et souillé d'oser [se présenter] à la cour? Qui [lui] permettra d'entrer? Ou bien ne s'enfuira-il pas, chassé? surtout s'il désire goûter à la table royale; à plus forte raison, combien faut-il avoir d'audace pour entrer à la cour du roi céleste sans avoir le vêtement de pureté, pour s'approcher du feu vivant avec une insolence téméraire, pour goûter à la table royale et céleste, et pour ne pas être chassé et poussé dehors, selon ce qui a été dit : « Allez loin de moi, vous tous ouvriers d'iniquité[4]. »

Voilà ce que nous avons reçu de saint Grégoire et des pieux rois Constantin et Trdat, et après cela, la lumière de Nicée nous a été octroyée par l'entremise du même bienheureux Constantin; nous restons fondés sur la même tradition, nous ne nous en détournons pas, ni à droite ni à gauche.

Et pour les autres conciles, comme nous l'avons dit plus haut, nous ne les connaissons pas en vérité; mais tandis que les anciens docteurs ont dénommé saint et véritable le concile qui s'est réuni à Constantinople pour condamner Nestorius, ils n'ont pas dit que le concile de Chalcédoine fût véritable, car les directeurs du concile d'Ephèse avaient l'esprit de Nestorius, mais n'osaient pas le manifester. Et quoiqu'ils aient réuni le concile [contre] l'impiété

(1) I Cor., VI, 18. — (2) Rom., III, 10, d'après Ps., XIV. — (3) Allusion à Esaïe, VI, 5-7. — (4) Ps., VI, 9.

d'Eutychès, pareils à sa monstruosité, ils ont établi leur propre hétérodoxie, car Eutychès égaré disait : « Le Christ a apporté son corps du ciel [1]. »

Le Christ qui était un, après l'union du Verbe et du corps, ils l'ont divisé en deux natures et ils ont prêté à penser que la sainte Trinité était une quaternité. Car trouvant le tumar de Léon, comme monument de leur hétérodoxie, ils ont établi leur scélératesse sur [le tumar] et ils ont dit : Le Seigneur Jésus-Christ avait deux natures, sans supprimer la différence des deux natures; pour les unir, ils ont purifié encore plus la puissance des deux natures, et unir chacune avec sa forme propre, ne pas donner à la nature divine la bassesse de la nature humaine, ni à la nature humaine la richesse de la nature divine [2].

[Il faut] considérer comme indigne et impossible pour Dieu de devenir homme et de naître d'une femme, d'éprouver toutes les passions humaines, d'être cloué sur la croix et de mourir.

Or, si tout cela était impossible, selon le corps, au Verbe de Dieu, il était donc impossible à la Vierge de concevoir sans homme, et de donner naissance, tout en restant immaculée, à Dieu devenu homme, et il était impossible à l'homme de nourrir les 5,000 [personnes] avec 5 pains et de changer l'eau en vin, et d'ouvrir les yeux de l'aveugle avec de la salive, de marcher sur l'eau, de chasser les démons, de ressusciter les morts, et d'autres [choses] encore. Quant à nous et à tous ceux qui confessent la vraie [foi], [nous croyons] que ce n'était pas le corps humain, mais la divinité dans le corps. Quant à ceux qui après l'union déchirent en divisant, nous les repoussons et nous les anathématisons, selon le bienheureux Cyrille d'Alexandrie [3], qui dit : « Si quelqu'un ne confesse pas qu'Emmanuel est Dieu en vérité, par conséquent que la Vierge

[1] Eutychès se plaint qu'on lui impute ce blasphème, *ὅτι γε δὴ ἐξ οὐρανοῦ τὴν σάρκα ὁ Θεὸς λόγος κατενήνοχεν*. Cf. Gieseler, *Kirchengeschichte*, I, 2, p. 156.

[2] Ce passage est très obscur : M. Meillet nous signale que Patkanian a renoncé à traduire cette fin, qui lui semble défigurée par les altérations du texte.

[3] Sur les anathèmes de Cyrille, cf. Hefele, *Conc. Gesch.*, II, p. 154 et suiv.

Marie, mère de Dieu, a donné naissance non seulement au corps, mais au verbe divin incarné, qu'il soit anathématisé[1]. » — « Si quelqu'un ne confesse pas que le Verbe de Dieu s'unit à la nature du corps, et que le Christ est un, Dieu avec le corps, et en même temps homme, qu'il soit anathématisé[2]. » — « Si quelqu'un divise le Christ un en deux figures, après l'union, et s'il dit qu'il n'y a que rapprochement et liaison, comme ayant trouvé la puissance avec l'honneur et la richesse, et non pas union par la nature, qu'il soit anathématisé[3]. » Et la voix du Seigneur nous proteste : « Que votre lumière luise ainsi devant les hommes », c'est-à-dire la vérité de la foi, « afin qu'ils voient vos bonnes œuvres et qu'ils glorifient votre père qui est dans les cieux[4]. »

Quant à nous, comme nous avons reçu les ordres de ta céleste et pieuse royauté, ô vaillant roi Constantin, nous avons préféré faire connaître par un acte à ta pieuse royauté amie de Dieu, au moyen de cette lettre, la constitution de la foi orthodoxe que nos pères ont reçue des premiers docteurs. Que Dieu accorde à notre indignité de demander la connaissance du bien et qu'il bénisse ta pieuse et bienfaisante puissance, pour que tu règnes éternellement sur le monde entier, sur mer et sur terre, toujours victorieux.

CHAPITRE XXXIV.

Attaque des descendants d'Hagar. — De quelques événements dans l'empire grec.

Je continuerai en racontant les maux arrivés en notre temps, au sujet du déchirement du voile de l'ancienne foi, et du simoun brûlant et mortel qui souffla sur nous et brûla les grands et beaux arbres, jeunes et feuillus, des jardins. Et nous l'avions mérité, car nous avons péché contre le Seigneur et nous avons courroucé le saint d'Israël. « Si vous prenez plaisir à m'écouter, dit-il, vous goûterez

(1) Premier anathème. — (2) Deuxième anathème. — (3) Troisième anathème. — (4) Matth., v, 16.

les biens de la terre; mais si vous ne voulez pas m'écouter, l'épée vous dévorera, car la bouche du Seigeur a ainsi parlé.»

La tempête dont il est question passa sur Babylone, mais elle se déchaîna aussi sur tous les pays; car Babylone est la mère de toutes les nations, et son royaume est le royaume des régions du Nord; et aussi au sud, c'est-à-dire sur les Hindous et sur les nations qui habitent de leur côté dans le grand désert, ou les fils d'Abraham, qui sont nés d'Hagar[1] et de Kétur[2] : Ismaël, Amram, Médan, Madian, Héqsan, Hésbok, Mélisavê; et les fils de Lot : Amon et Moab; et les fils d'Esaü, c'est-à-dire Edom; et d'autres aussi qui étaient dans les pays méridionaux, au nord de ces mêmes Hindous. Elle venait du grand et énorme désert, où avaient habité Moïse et les fils d'Israël, suivant la parole du prophète : «Comme un ouragan, il viendra du sud, venant du désert, d'un endroit redoutable», c'est-à-dire du désert grand et terrible, d'où l'orage de ces nations-ci surgit et occupa toute la terre, la conquit et la battit. Et ce qui avait été dit fut accompli : «La quatrième bête sera le quatrième royaume sur la terre, qui est plus funeste que tous les royaumes, qui changea en désert toute la terre[3].»

Et maintenant, je dirai aussi le trouble du royaume des Grecs et les calamités de destruction qui ne cessèrent jamais dans la guerre intestine, l'effusion du sang et le massacre des principaux personnages et des conseillers du royaume, auxquels on attribua le dessein de tuer le roi; pour cette raison, on massacra tous les notables, et pas un conseiller ne resta dans le royaume, car les habitants du pays furent massacrés sans exception; ils furent anéantis, ainsi que les princes qui se trouvaient dans le royaume. On tua aussi George Magistros, et Manuel, l'homme vertueux qui était le beau-père du chevalier Smbat, fils du grand

(1) Concubine d'Abraham, contemporaine de Sara. Cf. Genèse, XVI.

(2) Femme légitime d'Abraham après la mort de Sara. Cf. Genèse, XXV, 1-6.

(3) Cf. Dan., VII, 23. Ce passage, inspiré du livre biblique de Daniel, rappelle les nombreuses apocalypses apocryphes du moyen âge, qui ont été si en faveur dans les églises juive et chrétienne, et même chez les Musulmans.

Smbat, appelé Xosrov Šnum, au sujet duquel quelques-uns ont dit qu'on voyait des lumières allumées la nuit sur le lieu où il avait été tué. Et on envoya Smbat en exil, car ses propres troupes le condamnèrent et se soulevèrent, après les événements [que voici] : car on rapporta de lui au roi qu'il disait : « Il faut venger le sang de Magistros. » Le chef de l'armée qui [était] de ce côté était cher à tous les soldats. Or Smbat était chef des troupes des chefs de Thrace, et Manuel exerçait à Constantinople la fonction de Magistros. Le roi n'appela pas Magistros, ouvertement et avec autorité, craignant la rébellion des troupes; mais il appela à lui l'aspet Smbat, et lui fit jurer sur la croix du Seigneur, qui était sur sa personne, de ne révéler à personne ses paroles; puis il le renvoya parmi ses soldats, pour parler à Magistros de manière pacifique et l'amener en le trompant. Il s'y rendit, mais ne put le tromper, d'autant que la chose ne lui était pas restée cachée; puis il parla à tous les chefs de l'armée, et il lui [à Magistros] communiqua l'ordre royal. L'armée, ne pouvant s'opposer à l'ordre royal, le livra entre les mains [de Smbat], et, l'ayant arrêté, on le conduisit en présence du roi; c'est pour cette raison que les troupes des chefs de Thrace complotèrent la mort [de Smbat], et dirent de lui qu'il était la cause de l'insurrection projetée, pour qu'il fût mis à mort; mais le roi l'épargna et en le séparant de l'armée il le sauva.

CHAPITRE XXXV[1].

Guerre entre les Ismaélites et les Perses; ruine de la domination perse. – Mort de Yazkert. – Les Mèdes et les Arméniens se soumettent aux Arabes. – Constantin va en Arménie. – Préparatifs des Ismaélites contre les Grecs. – Et au sujet de Nersès, catholicos des Arméniens.

La 20ᵉ année du roi de Perse Yazkert, la 11ᵉ année de l'empereur Constance, qui fut nommé du nom de son père, Constantin,

[1] Ce chapitre a été traduit en partie par H. Hübschmann. *Zur Geschichte Armeniens*..., p. 29 et suiv.

la 19e année de la domination des Ismaélites[1], l'armée arabe, qui se trouvait dans le Fars et le Xužastan, marcha à l'orient dans le pays nommé Palhaw, qui était le pays des Parthes, contre Yazkert le roi de Perse. Et Yazkert s'enfuit devant eux, mais il ne put échapper, car ils l'atteignirent à la frontière des Khušans, et anéantirent toutes ses troupes. Il s'enfuit et se rendit auprès des troupes des Thêtals, qui étaient venus de leur pays à son secours. Le chef des Mèdes, qui, comme je l'ai dit plus haut, avait envahi les régions orientales pour se joindre au roi, fit défection, se fortifia dans un [certain] endroit, fit alliance par serment aux Ismaélites et s'en alla dans le désert sous leur domination. Mais l'armée des Thétals fit prisonnier Yazkert et le tua; il avait régné vingt ans[2]. Ainsi fut détruite la domination des Perses et celle de la race de Sassan, qui avait régné 542 ans[3].

Lorsque le roi ismaélite[4] vit que la victoire lui était favorable, et que l'empire des Perses était détruit, il ne voulut plus, à l'expiration des trois ans du traité de paix, vivre plus longtemps en paix avec l'empereur des Grecs; mais dans la 12e année du règne de Constantin[5], il donna l'ordre à ses troupes de commencer la guerre sur terre et sur mer, pour anéantir aussi cet empire de dessus la terre.

La même année, les Arméniens se détachèrent et s'affranchirent de la domination des Grecs et passèrent sous celle du roi ismaélite[6]. Ils firent un accord avec la mort et conclurent une alliance avec l'enfer[7],

[1] En 651-652.

[2] 632-652.

[3] Sur la durée de la domination sassanide (226-652), cf. Tab. Nöld., p. 435, Anhang A. Cf. également *Extraits de la chronique de Maribas Kaldoyo*..., in *Journal asiatique*, mai-juin 1903, p. 543, et *Histoire des guerres et des conquêtes des Arabes en Arménie*, par... Ghévond..., traduite par Garabed V. Chahnazarian, p. 4, qui attribue 481 ans à la durée du royaume de Perse.

[4] Othman.

[5] En 653. C'est également au mois de juillet de cette année que Moavia s'empara de Rhodes et en renversa le colosse, 1,360 ans après son érection. Cf. de Muralt, *Chronogr. byz.*, I, p. 299.

[6] En 651, d'après de Muralt, *Chronogr. byz.*, I, p. 299.

[7] Cf. la traduction du passage parallèle de Jean Catholicos, cité par Hübschmann, *Zur Geschichte Armen*..., p. 30, n. 3 : «Ils firent un serment à la mort, jurèrent fidélité aux enfers et se séparèrent de l'empereur.»

à savoir Théodoros, seigneur des Ŕštunis et tous les Arméniens, en rejetant l'alliance de Dieu. Le chef ismaélite négocia avec eux et dit : «Qu'il y ait accord entre moi et vous, pour autant d'années que vous voulez; je ne lèverai aucun tribut sur vous pendant sept ans. Mais, conformément au serment, vous donnerez autant que vous voudrez, et vous entretiendrez quinze mille hommes de cavalerie dans votre pays; vous en livrerez du pain, et j'en tiendrai compte dans le tribut royal. Je ne demanderai pas que la cavalerie vienne en Syrie. Mais partout ailleurs où je lui ordonnerai d'aller, vous devez être prêts à agir. Je n'enverrai pas d'émirs dans vos forteresses, pas d'officier arabe et pas un seul cavalier. Aucun ennemi ne doit venir en Arménie; et si les Grecs marchent contre vous, j'enverrai des troupes à votre secours, autant que vous voudrez. Et je jure par le grand Dieu que je ne mens pas.» Ainsi lui, le grand allié de l'Antichrist[1], les détacha des Grecs; car quoique l'empereur leur eût écrit avec beaucoup de prières et de supplications, et les eût appelés à lui, ils ne voulurent pas l'écouter. Il disait : «Je viens dans la ville de Karin[2]; venez à moi; ou bien je viens à vous, et je vous assisterai par une solde et nous délibérerons ensemble sur ce qu'il y a à faire.» Mais ils ne voulurent pas l'écouter.

Toutes les troupes grecques se plaignirent et murmurèrent devant leur empereur contre le seigneur des Ŕštunis et les Arméniens, à propos des défaites subies. . .[3], car ils disaient : «Ils se sont alliés aux Ismaélites; c'est contre nous qu'ils ont agi, certainement; ils ont fait disperser notre armée par l'invasion dans l'Atrpatakan; ils ont conduit ensuite les Ismaélites contre nous à l'improviste et nous ont laissé terrasser. Tout ce que nous avions a péri. Eh bien ! allons en Arménie, tirons vengeance de tout cela.»

[1] Sur le sens de Antichrist = *nern* = Néron, cf. F. Macler, *Les Apocalypses apocryphes de Daniel*, p. 85, n. 1.

[2] Erzeroum.

[3] Ce passage est corrompu et M. Meillet nous signale que Patkanian, dans sa traduction russe, ne comprend pas *մուր գոյէ*.

Alors l'empereur Constantin se laissa persuader de faire la volonté de l'armée. Il prit son armée et alla en Arménie avec 100,000 hommes. Lorsqu'il arriva à Derdžan[1], les Ismaélites s'avancèrent devant lui et lui présentèrent une lettre de leur chef, conçue en ces termes : « L'Arménie est à moi, n'y va pas. Si tu y pénètres, je marcherai contre toi et je t'arrangerai de telle façon que tu ne pourras pas t'enfuir ». L'empereur Constantin dit : « Le pays m'appartient et j'y irai; si tu marches contre moi, Dieu jugera dans sa justice ». Là-dessus il se rendit à Karin, dans la 12e année de son règne, et dans la 20e de la domination ismaélite[2].

L'empereur Constantin séjourna quelques jours à Karin; il y fut rejoint par les chefs et les soldats de l'Arménie dite *quatrième*, et toutes les autres troupes et les chefs qui étaient partis du territoire des Ṙštunis. Vinrent aussi devant lui ceux de Sper, les chefs des Bagratunis, ceux de Manałi et ceux de Daranałi, ceux du canton d'Ekełeach, avec tous les soldats de ces endroits; puis ceux de Karin, de Taykh et de Basean. Vinrent également les išxans de Vanand avec leurs troupes, ceux de Širak, les Xorxoṙunis[3] et les hommes de la maison des Dimakhséens. Vinrent aussi Mušeł le Mamikonien avec ses parents et quelques autres išxans, et des troupes de la province d'Ararat; les Aṙawełeans, les Aṙaneans, les Varažnunis, les Gnthunis, les Spandunis et d'autres avec eux. Se rendit aussi auprès de lui le catholicos Nersês, venu de Taykh. Et tous les chefs racontèrent à l'empereur quel était le sens et le but de la défection du seigneur des Ṙštunis, et comme les envoyés des Ismaélites avaient été prompts à venir et à partir. Alors l'empereur et tous ses soldats maudirent le seigneur des Ṙštunis; ils lui enlevèrent les honneurs et dignités, et envoyèrent à sa place un autre et quarante autres avec lui. Mais lorsque ceux-ci arrivèrent, il les

[1] District de la Haute Arménie, au sud-ouest de Karin : cf. H. Hübschmann, *Zur Geschichte*..., p. 31, n. 5.

[2] En 653.

[3] Au Nord du lac de Van; cf. H. Hübschmann, *Zur Geschichte*..., p. 32, n. 2.

fit prendre, lier et conduire les uns dans la forteresse de Balēs; et quelques autres dans l'île des Bznunis. Lui-même se rendit dans l'île d'Althamar. Il donna ordre aux troupes qui se trouvaient dans ces régions d'aller et de se fortifier dans leurs pays respectifs. Les Géorgiens, les Aluans, les Siuniens, qui étaient alliés avec lui, retournèrent dans leurs pays, conformément à son ordre, et s'y fortifièrent. Mais Théodoros, le seigneur des Vahewunis, prit la forteresse d'Arphay. Son fils Grégoire, le gendre du seigneur des Řštunis, et Varaz Nersêh Daštkarin se fortifièrent dans cette place publique et s'emparèrent des trésors. Car là se trouvaient tous les trésors du pays, de l'Église, des chefs et des marchands.

Lorsque l'empereur Constantin l'apprit, il voulut faire piller [le pays] par la foule de ses soldats et hiverner en Arménie, pour ruiner le pays. Alors le catholicos et Mušeł avec tous les chefs arméniens tombèrent la face contre terre et [le] prièrent, avec beaucoup de supplications et des prières entremêlées de larmes d'avoir compassion et de ne pas s'irriter contre tous et de ne pas dévaster le pays à cause de la faute de ceux-là. L'empereur prêta l'oreille à leurs prières et il licencia de nouveau la grande foule de ses troupes. Il se rendit lui-même avec 20,000 hommes dans l'Ararat et, arrivé à Dwin, il s'installa dans la maison du Catholicos; il nomma Mušeł, le seigneur des Mamikoniens, chef de la cavalerie arménienne et l'envoya avec 3,000 hommes du côté où était l'armée des nobles (սեպուհ). Il envoya aussi des troupes en Géorgie, en Albanie et en Siunie, pour détacher ces pays de l'alliance [de Théodoros]. Les autres troupes campèrent autour du roi, dans la montagne et dans la plaine; et quoiqu'elles ne voulussent pas se soumettre pendant un temps assez long, elles furent cependant ramenées sous la domination [de l'empereur]. Mais ceux d'Albanie et de Siunie et l'armée noble ne se soumirent pas; c'est pourquoi ils pillèrent leur pays, emportèrent ce qu'ils trouvèrent et s'en retournèrent vers [leur] roi.

AU SUJET DE NERSÈS, CATHOLICOS D'ARMÉNIE.

Maintenant je vais parler un peu de Nersès[1], catholicos d'Arménie. Il était natif du Taykh, du village qui s'appelle Išxan, et nourri dès l'enfance dans le pays des Grecs; il avait étudié la langue et les lettres des Romains. Et il avait voyagé dans ces pays en se livrant aux occupations de la guerre; il avait adopté avec conviction les doctrines du concile de Chalcédoine et du *tumar*[2] de Léon; il ne révéla à personne ses desseins impies avant d'être parvenu à l'épiscopat du pays; et ensuite au siège du catholicosat. C'était un homme à la conduite vertueuse, jeûnant et priant; mais il tenait cachés en son cœur les poisons de l'amertume et il songeait à faire adhérer au concile de Chalcédoine les Arméniens; il n'osa pas dévoiler la chose, jusqu'à ce que vint l'empereur Constantin et qu'il descendit dans la maison du catholicos; le jour de dimanche, dans l'église de saint Grégoire, le concile de Chalcédoine fut prêché; la messe fut célébrée à la romaine par un prêtre romain; l'empereur, le catholicos et tous les évêques, les uns de gré, les autres malgré eux, communièrent; et ainsi le catholicos ébranla la foi de saint Grégoire, qui avait été tenue par tous les catholicos, solidement fondée dans la sainte église, depuis saint Grégoire jusqu'ici[3]. Il troubla les eaux de la source pure, claire et limpide, ce que le catholicos avait depuis longtemps dans son esprit et qu'il n'avait osé révéler à personne jusque-là; et plus tard, trouvant le temps [propice], il accomplit sa volonté; il trahissait un à un les évêques, et les terrorisait; à tel point que par peur de la mort, tous exécutaient

(1) Nersès III, surnommé *le Constructeur*, né à Išxanach-awan, occupa le siège catholicosal en 640; en 649, les invasions des Arabes le forcèrent à s'enfuir. Cf. Saint-Martin, *Mémoires*, I, p. 438.

(2) Sur la lettre de Léon, cf. *supra*, p. 125.

(3) C'est à cette époque (654) que fut fondée par Constantin, surnommé Sylvain, la secte célèbre des Pauliciens; cf. de Muralt, *Chronogr. byz.*, I, p. 300, et Fred. C. Conybeare, *The key of truth, a manual of the paulician church in Armenia...*, Oxford, 1898, *passim*.

les ordres qu'il donnait, d'autant plus que les bienheureux qui étaient les plus fermes étaient morts; mais un évêque lui ferma la bouche devant l'empereur, car le catholicos avec les autres évêques avait pris part à l'anathème prononcé contre le concile de Chalcédoine et le *tumar* de Léon; il avait repoussé la communion du Grec; on l'avait scellé avec l'anneau du catholicos et avec la bague de tous les évêques et de tous les grands seigneurs, et on le lui avait donné pour qu'il le gardât dans l'église. Quand la messe fut célébrée et que tous les évêques communièrent, l'évêque que j'ai mentionné plus haut ne communia pas, mais descendit de l'autel et se cacha dans la foule.

Lorsqu'ils eurent achevé l'œuvre de la communion et que le roi rentra dans son appartement, le catholicos s'approcha avec tous les évêques grecs et ils dénoncèrent cet évêque-là, en disant : «Il ne s'est pas assis sur le siège, il n'a pas communié avec nous; il nous a considérés comme indignes, nous et vous; il est descendu de l'autel et il s'est caché dans la foule». L'empereur se troubla et donna l'ordre à des hommes de l'arrêter et de le conduire devant lui dans son appartement. L'empereur répondit et dit : «Es-tu prêtre?» L'évêque dit : «Avec le consentement de Dieu et de votre gloire». L'empereur dit : «Et qu'es-tu, que moi étant ton roi, et celui-là ton catholicos et notre père, tu ne me considères pas comme digne, ainsi que celui-là, de communier avec toi?». L'évêque dit : «Je suis un homme pécheur et indigne, je ne mérite pas de communier avec vous; mais si Dieu me rendait digne [de communier] avec vous, j'aurais supposé que j'ai goûté avec le Christ de sa table et de ses propres mains». L'empereur dit : «Laisse là, et dis-moi ceci : celui-là est-il ou non catholicos des Arméniens?». L'évêque dit : «Autant que saint Grégoire». L'empereur dit : «Le considères-tu toi-même comme catholicos?» — «Oui, dit-il». L'empereur dit : «Communies-tu avec lui?» Il dit : «Ainsi qu'avec saint Grégoire». L'empereur dit : «Et aujourd'hui, pourquoi n'as-tu pas communié?» Il dit : «Roi bienfaiteur, lorsque nous te voyions peint sur le mur, le tremblement nous saisissait et maintenant nous te voyons face à face, nous parlons bouche à bouche; nous sommes des gens ignorants et stupides; nous ne savons ni langue ni lettres; il y a quatre ans, il a convoqué une assemblée, il a réuni ici tous les évêques, il a fait écrire un écrit pour la foi, il a scellé d'abord de son anneau, puis du nôtre, puis de l'anneau de tous les chefs[1]. Et l'écrit est à présent auprès de lui. Donne l'ordre qu'on le cherche, et vois-le. Et lui restait interloqué. L'empereur sachant sa perfidie, lui fit des reproches nombreux dans sa langue. L'empereur [lui] ordonna d'aller communier avec le catholicos. Et lorsque l'évêque eut accompli l'ordre de l'empereur, il dit : «Que Dieu bénisse pour toujours ton règne bienfaisant et pieux, régnant sur toute la mer et la terre avec de nombreuses victoires». L'empereur bénit aussi l'évêque et dit : «Que Dieu te bénisse; tu as agi comme il sied à ta sagesse, et je t'en remercie.»

On fit partir en grande hâte l'empereur à Constantinople[2], pour qu'il y arrivât de suite. Et il partit immédiatement. Il nomma chef des Arméniens un nommé Morianos, avec les troupes arméniennes se trouvant dans ces régions.

Lorsque l'empereur Constantin se rendit à Dwin, le catholicos alla avec lui; il demeura à Taykh et ne revint plus chez lui, car le chef des Ṙštunis et les autres chefs qui étaient avec lui étaient pleins d'une colère extrême contre lui. Thêodoros, le seigneur des Ṙštunis se mit à l'affût dans l'île d'Althamar avec son gendre Hamasasp, seigneur des Mamikoniens, et demanda des soldats aux Ismaélites; 7,000 hommes vinrent à son secours, et il les fit établir à Aliovit et chez les Bznunis et lui demeurait parmi eux.

Lorsque les jours de l'hiver passèrent et que la grande pâque approcha, Hoṗom[3] s'enfuit et tomba à Taykh, et on l'en fit sortir;

[1] Le sixième concile de Dwin eut donc lieu en 648-49; cf. H. Hübschmann, *Zur Geschichte...*, p. 34, n. 1. Sur les 38 canons du concile de Dwin en 527, cf. Hefele, *Conciliengeschichte*, t. II, p. 716 et suivantes. (2ᵉ éd., 1875).

[2] Cf. Lebeau, XI, p. 349-350 et la correction à ce passage proposée par Hübschmann, *Zur Geschichte...*, p. 34, n. 2.

[3] Les Grecs.

nullepart il ne put s'établir; mais ils s'enfuirent jusque près du bord de la mer; et ils[1] ravagèrent tous le pays; ils prirent la ville de Trébizonde et ils emmenèrent beaucoup de butin et de captifs.

Après cela, Théodoros, seigneur des *R*ŝtunis, se rendit auprès de Moavia, chef d'Ismaël à Damas et le vit avec de grands présents. Le chef d'Ismaël lui donna des vêtements d'or et en fils d'or, et une bannière de la même façon; il lui donna le pouvoir sur l'Arménie, la Géorgie, l'Albanie et la Siunie, jusqu'à Kapkoh et au Parhak de Çor[2]; puis il le congédia avec de grands honneurs. Il lui avait posé comme condition d'amener le pays à son service. En l'an 11e de Constantin[3], la paix se rompt, qui était entre Constantin et Moavia le chef d'Ismaël. Le roi d'Ismaël[4] donna l'ordre de réunir tous ses soldats du côté de l'Occident et de faire la guerre contre l'empire des Grecs, pour s'emparer de Constantinople et supprimer ce royaume-là aussi[5].

CHAPITRE XXXVI[6].

Lettre du roi des Ismaélites à l'empereur des Grecs, Constantin. - Moavia, chef des Ismaélites, vient à Chalcédoine. - Il est vaincu par le Seigneur.

«Si tu veux vivre en paix, disait-il, renonce à ta vaine religion, dans laquelle tu as été élevé dès ton enfance. Renie ce Jésus et convertis-toi au grand Dieu que je sers, le dieu de notre père Abraham.

(1) Les Arabes.

(2) Sur les défilés du Caucase (Porte des Alains, Porte de Bahl, Porte de Djor ou des Huns), cf. Victor Langlois, *Collection*, II, p. 185, n. 2.

(3) La 11e année de Constantin = 651 (Blair). Muralt fait au contraire dater la paix de cette 11e année.

(4) Le արքայն Իսմայէլի, le *roi d'Ismaël*, était le khalife Othman.

(5) Sur les divergences du récit de Théophanes, cf. H. Hübschmann, *Zur Geschichte*..., p. 35, n. 3.

(6) H. Hübschmann, *Zur Geschichte*.... p. 35 et suiv.

«Licencie la multitude de tes soldats et renvoie-les dans leur pays; et je ferai de toi un grand chef dans ces pays. J'enverrai des *ostikans* dans ta ville; je rechercherai tous les trésors et les ferai partager en quatre parts : trois pour moi et une pour toi. Je te donnerai aussi des troupes autant que tu voudras et prélèverai sur toi le tribut que tu pourras donner. Sinon, comment ce Jésus que tu nommes Christ, qui n'a pas pu se sauver lui-même des Juifs, pourrait-il te sauver de mes mains?»

Toutes les troupes de l'Orient, de la Perse et du Xužastan, du territoire des Indes, de l'Aruastan et du territoire de l'Égypte se rassemblèrent auprès de Moavia, le chef de l'armée qui résidait à Damas. On construisit des vaisseaux de guerre à Alexandrie et dans toutes les villes du littoral de la mer, et on les munit d'armes et de machines de guerre : en tout 300 grands vaisseaux, dont chacun fut monté par 1,000 hommes des meilleurs cavaliers, et 5,000 vaisseaux légers, sur chacun desquels montèrent seulement une centaine d'hommes, à cause de leur légèreté, afin de pouvoir évoluer rapidement sur les flots de la mer, autour des grands vaisseaux. Il leur fit prendre la mer et partit lui-même pour Chalcédoine avec les troupes qui étaient auprès de lui. Les habitants de tous les pays où il arriva se soumirent à lui, aussi bien ceux qui habitaient sur [les bords de] la mer que ceux qui habitaient dans les montagnes et dans la plaine. Mais l'armée principale des Grecs se rendit à Constantinople pour défendre la ville, pendant que le destructeur entrait à Chalcédoine, la 13e année du règne de Constantin[1]. Là, il rangea beaucoup de vaisseaux légers sur la côte, afin de pouvoir promptement porter secours aux vaisseaux lourds, lorsque ceux-ci arriveraient à Chalcédoine[2]. Alors ils (les Ismaélites) envoyèrent la lettre de leur maître dans la ville, à Constantin.

L'empereur prit la lettre, entra dans la maison de Dieu, se jeta

[1] C'est-à-dire en 653 (Blair). — [2] Sur les campagnes navales de Moavia, cf. Noël Desvergers, *Arabie...*, p. 274 et suiv.

la face sur la terre et dit : « Vois, ô Seigneur, l'opprobre que ces Ismaélites te font. Que ta compassion, ô Éternel, soit sur nous, comme nous espérons en toi. Couvre de honte leur visage, afin qu'ils recherchent ton nom, ô Seigneur. Qu'ils soient honteux et confus d'éternité en éternité, et qu'ils périssent d'une manière ignominieuse, qu'ils reconnaissent que ton nom est le Seigneur et que tu es le seul souverain sur toute la terre. » Il ôta la couronne de sa tête, se dépouilla de la pourpre, se couvrit d'un sac[1]; il s'assit sur la cendre et ordonna de publier un jeûne dans Constantinople, à l'exemple de Ninive[2].

Et voici qu'arrivèrent d'Alexandrie à Chalcédoine les grands vaisseaux avec tous les petits navires, complètement équipés. Car sur les vaisseaux étaient installés des mangonneaux, des machines pour lancer du feu et des machines pour lancer des pierres; il s'y trouvait aussi des archers et des frondeurs, afin de pouvoir facilement monter sur les murs de l'extrémité des tours, lorsqu'ils s'en seraient approchés, et pénétrer dans la ville. [Moavia] fit ranger les vaisseaux en ordre de bataille et les fit diriger contre la ville. Lorsqu'ils furent à environ deux stades de la terre ferme, on put voir la puissance de la terreur [qu'inspire] le Seigneur; car le Seigneur déchaîna du haut du ciel un vent très fort : le vent s'éleva en une grande tempête; la mer fut soulevée de ses profondeurs, les vagues s'amoncelèrent comme les sommets des plus hautes montagnes; l'ouragan rugit et retentit sur elles comme le tonnerre, et des abîmes [de la mer] s'éleva un [grand] fracas. Les tours tombèrent, les machines s'écroulèrent, les vaisseaux se fracassèrent et la grande armée fut engloutie dans les profondeurs de la mer. Ceux qui étaient restés accrochés à des planches furent dispersés sur les flots et jetés çà et là par les vagues qui montaient et qui descendaient;

[1] Ce trait est peut-être le point de départ des nombreuses légendes apocalyptico-apocryphes dans lesquelles le roi des Romains, après la venue de l'Antichrist, déposera la couronne et montera à la ville sainte; cf. F. Macler, *Les apocalypses apocryphes de Daniel*, p. 97 et suiv.; et René Basset, *Les apocryphes éthiopiens...* t. X, *La sagesse de Sibylle*, p. 75 et suiv.

[2] Jonas, III, 7.

ils finirent par couler. Car la mer ouvrait sa gueule et les engloutissait. Et aucun d'eux n'échappa, pas même un seul. Ce jour-là Dieu sauva la ville en étendant son bras, grâce aux prières du pieux empereur Constantin. Durant encore six jours, la puissance du vent et l'agitation de la mer ne cessèrent pas[1].

Lorsque les Ismaélites virent la main terrible du Seigneur, leur courage fut brisé. Ils quittèrent Chalcédoine nuitamment et retournèrent dans leur pays. Les autres troupes qui se trouvaient dans la région de Cappadoce firent la guerre à l'armée des Grecs. Battues par ceux-ci, elles s'enfuirent du côté de l'Aruastan, en pillant la quatrième Arménie. Mais lorsque l'automne fut passé et que l'hiver fut proche, l'armée ismaélite arriva et prit ses quartiers à Dwin, avec l'intention de marcher contre les Géorgiens, et de les passer au fil de l'épée. Ils leur notifièrent avec menaces, par des ambassadeurs, d'avoir à leur faire leur soumission, ou bien de quitter le pays et de s'en aller. Mais ceux-ci n'y étaient pas disposés et ils se préparèrent à la lutte. Alors les Ismaélites voulurent les envelopper par la guerre, pour les anéantir entièrement. Mais lorsqu'ils se furent mis en marche, la rigueur et la neige de l'hiver les surprirent; ils s'en retournèrent promptement dans l'Asorestan, sans commettre de violences en Arménie.

Les chefs des Arméniens grecs et des Arméniens arabes, Hamazasp et Mušeł, et tous les autres, se réunirent en un lieu et s'accordèrent pour faire cesser toute guerre et toute effusion de sang entre eux. Ils passèrent les jours de l'hiver en paix pour conserver les habitants du pays, car le seigneur des Ŕštunis était tombé malade et il s'était rendu dans l'île d'Ałthamar. Il ne lui était pas possible de sortir et d'entreprendre quoi que ce fût; il partagèrent le pays

[1] Sur le long siège de Constantinople (7 ans), et sur le feu grégeois et les tempêtes qui détruisirent la flotte arabe, cf. Noel Desvergers, *Arabie*..., p. 280 et suiv. Ce passage est une nouvelle preuve de la façon biblique dont Sebêos comprend l'histoire ; ce qui le rapproche beaucoup de son successeur comme écrivain, Léon ; cf. *Histoire des guerres et des conquêtes des Arabes en Arménie*, par... Ghévond..., trad. par... Chahnazarian, p. 13.

d'après le nombre de leurs cavaliers et ils établirent des gens pour faire rentrer l'or et l'argent.

Alors on put voir les tourments du désespoir, comme il arrive aux malades qui sont en proie à la douleur et ne peuvent parler; il arriva ici quelque chose d'analogue. Car il n'y eut pas un endroit où les hommes pussent s'enfuir et se cacher, pour échapper; mais ce fut comme lorsque quelqu'un tombe à la mer et ne peut en sortir.

Lorsque le seigneur des *R*štunis vit cela, il demanda des troupes aux Ismaélites, pour battre les Arméniens, pour les chasser et pour passer les Géorgiens au fil de l'épée.

CHAPITRE XXXVII[1].

Soulèvement des Mèdes contre les Ismaélites.

Dans cette année les Mèdes (Markh) se soulevèrent contre les Ismaélites et tuèrent le chef des collecteurs d'impôts du roi des Ismaélites; ils s'enfuirent et se retirèrent dans les forteresses de la Médie, dans les forêts aux gorges profondes, dans les abîmes et les rochers, dans les profondeurs horribles des vallées avoisinant le fleuve Gaz et les montagnes de Médie, et au milieu des courageuses et héroïques tribus qui y habitaient, le Del et le Delum.

Car ils ne pouvaient pas supporter la servitude cruelle et dure, ni le poids du tribut qui pesait sur eux, parce qu'ils étaient obligés de payer chaque année 365 bourses de drachmes. Mais à ceux qui ne pouvaient les donner, pour chaque drachme, ils prenaient un homme. Ils anéantirent la cavalerie et la noblesse du pays. C'est pourquoi [les Mèdes], considérant leur situation, aimèrent mieux mourir que de vivre, et prirent la résolution d'obtenir l'un ou l'autre : ou la mort, ou l'affranchissement de cette servitude

[1] Traduit par H. Hübschmann, *Zur Geschichte*..., p. 38 et suiv.

écrasante. Ils commencèrent à recruter le reste des troupes et à les organiser en corps, [pour voir] s'ils pourraient échapper peut-être aux dents du dragon et à la mort [provenant] d'animaux au souffle violent.

Lorsque l'armée ismaélite vit que son action n'avait pas de résultat dans les fortes montagnes des Mèdes, — car ils ne purent pas réduire à leur domination le Kethrus et le Skiwtheay, les fleuves des Delums, avec tout le peuple qui habitait dans les lieux fortifiés — et que beaucoup [d'entre eux] succombèrent devant les forteresses et roulèrent dans les ravins, que beaucoup d'autres furent blessés par des flèches au milieu des touffes de roseaux difficiles à traverser, [que leur lançaient] les guerriers braves et courageux, alors ils s'éloignèrent de ces régions et se tournèrent vers le Nord, contre le peuple qui habite aux portes Caspiennes. Ils arrivèrent au défilé de Čor[1], et lorsqu'ils eurent passé le défilé (Kapan), ils dévastèrent tout le pays au pied de la montagne et battirent les quelques troupes [qui formaient] la garnison du pays et qui étaient venues à leur rencontre de la Porte des Huns.

Alors vint une autre armée du pays des Thêtals, et ils luttèrent entre eux avec grande bravoure. Mais l'armée ismaélite fut vaincue par les troupes des Thêtals; ils furent battus et passés au fil de l'épée. Les débris de l'armée qui s'enfuyaient ne purent pas échapper par le défilé, parce qu'une autre armée fondit sur eux par derrière. Se tournant vers les régions impraticables de la grande chaîne du Caucase, ils atteignirent avec peine et difficulté les pentes de la montagne, et peu [d'entre eux] se sauvèrent, avec une peine extrême, sans vêtements et pieds nus, à pied et blessés, et ils arrivèrent, à travers le territoire de Tizbon, dans le pays qu'ils habitaient[2].

(1) Cf. H. Hübschmann, *Zur Geschichte Armen...*, p. 39, n. 6.

(2) Sur cette campagne, cf. H. Hübschmann, *Zur Geschichte...*, p. 40, n. 1. et les références y indiquées pour les sources arabes.

CHAPITRE XXXVIII[1].

Mušeł se sépare des Grecs et se soumet aux Ismaélites. – Les Ismaélites combattent les Grecs à Naxčawan et les anéantissent. – Pillage de l'Arménie. – Les Arméniens se détachent de nouveau de la domination des Ismaélites et se soumettent aux Grecs. – Hamazasp, le seigneur des Mamikoniens, devient europalate. – C'est pourquoi les Ismaélites tuent les otages. – Des dissensions éclatent dans l'armée des Ismaélites. – Ils se séparent, les uns des autres. – Moavia, leur chef, l'emporte sur tous, devient roi et fait la paix avec tous.

Cependant Mušeł, le seigneur des Mamikoniens, se détacha des Grecs et se soumit aux Ismaélites. La même année, l'armée ismaélite qui se trouvait en Arménie, s'empara de tout le pays, d'un bout à l'autre. Thêodoros, le seigneur des Ŕštunis, et tous les išxans se soumirent volontairement à eux et s'empressèrent d'accomplir leur volonté en toutes choses, car la crainte d'une mort inévitable planait sur eux.

Cette même année, l'homme béni, le pieux Artawazd Dimaksean fut trahi par la jalousie de son frère et livré entre les mains de l'impitoyable bourreau, le général Habib, qui résidait à Aruč Ašuak, et qui lui fit subir une mort misérable.

Lorsque les jours froids de l'hiver vinrent, les Grecs poussèrent [les Arabes], qui ne purent pas prendre les armes à cause du froid et combattre, et qui décampèrent et se retirèrent; car ils franchirent le fleuve (Araxe) et se retranchèrent à Zarehawan. Lorsque les Grecs virent cela, ils ne s'inquiétèrent plus d'eux, mais ils pillèrent la forteresse de Dwin, marchèrent sur Naxčawan, et assiégèrent la forteresse pour la piller aussi. Le chef de l'armée des Grecs était un certain Môrianos, un homme que l'on disait sûr.

Lorsque la saison du printemps arriva, il se prépara à la guerre contre les Ismaélites. Mais Môrianos voulait auparavant achever complètement son entreprise. Alors les Arabes tombèrent sur

[1] Traduit par H. Hübschmann, *Zur Geschichte...*, p. 40.

les Grecs, qui assiégeaient la forteresse de Naxčawan, les battirent, les massacrèrent et mirent en fuite ceux qui restaient. Môrianos, lui aussi, s'enfuit et se rendit en Géorgie. Mais l'armée ismaélite se détourna d'eux, assiégea la ville de Karin et commença la lutte avec [la garnison]. Ceux-ci, ne pouvant pas offrir de résistance dans la lutte, ouvrirent les portes de la ville et se soumirent à eux. [Les Arabes] entrèrent dans la ville, en emportèrent l'or, l'argent, toutes les richesses, pillèrent toute l'Arménie, l'Albanie, la Siunie et dépouillèrent toutes les églises. Ils emmenèrent comme otages les chefs considérables du pays, les femmes, les fils et les filles de beaucoup d'entre eux.

Thêodoros, le seigneur des Ṙštunis, avec ses parents, partit aussi avec eux. Ils les amenèrent dans l'Asorestan. Là mourut[1] Thêodoros, le seigneur des Ṙštunis. Son cadavre fut ramené dans sa patrie et placé dans le sépulcre de ses pères.

Hamazasp, le seigneur des Mamikoniens, fils de Dawith, un homme excellent à tous les points de vue, obtint le commandement du pays des Arméniens. Mais il aimait la vie de famille, était un ami de la lecture et de l'étude et n'était pas versé et expert, comme ses pères, dans le métier de la guerre. Il n'avait encore assisté à aucune bataille et n'avait pas encore vu l'ennemi en face. Alors il commenca à imiter avec ardeur la bravoure de ses pères et à accomplir des actions viriles suivant l'exemple de ses ancêtres, en priant Dieu de le conduire et de donner succès à ses actes de bravoure.

Comme je l'ai dit plus haut, le catholicos des Arméniens, Nersês, partit avec l'empereur et le suivit à Constantinople. Il y fut accueilli avec honneur, reçut des présents et fut ensuite renvoyé chez lui. Quand il y fut arrivé, il s'établit à Taykh jusqu'à la mort du seigneur des Ṙštunis. Lorsque l'invasion des Arabes eut pris fin, six années après son expulsion, il retourna en son siège, se

[1] Theodoros mourut à Damas en 654; cf. H. Hübschmann, *Zur Geschichte Armeniens*..., p. 42, n. 1.

fortifia sur le siège du catholicosat et s'empressa d'achever la construction de l'église qu'il avait commencé à bâtir sur la route de la ville de Vałaršapat[1].

Or, bien que parlant vainement, je ferai défiler mes paroles selon l'ordre de cette histoire, suivant la faible pensée de mon esprit, et non selon la dignité de la science; en considérant l'ordre des amis de l'étude, je confirmerai la parole prophétique qui a parlé d'après l'ordre de Dieu. Dans les derniers [événements], jusqu'à la consommation des siècles, comme il est arrivé dans les premiers, la parole du Seigneur s'accomplira, qui dit : « Le ciel et la terre passeront, mais mes paroles ne passeront pas[2]. » « Car, dit-il, le feu de ma colère s'enflammera[3]; il brûlera et descendra jusqu'aux enfers intérieurs ». Et ce qu'il dit d'eux est connu : « Ils seront embrasés par le feu, les fondements de leurs montagnes s'enflammeront », c'est-à-dire les violences des grands princes. Et « j'amasserai tous les maux sur eux, et avec mes flèches, je les anéantirai. » Car, comme des flèches lancées du sein d'un homme vigoureux, par l'arc à la large courbure, vers le but, de même ceux du désert de Sin [s'élanceront] sur toute la terre [répandant] complète famine, épée et grande terreur. Il montre clairement par ceci que dans les régions du désert le feu s'enflamma : « Tu lanceras sur eux des flèches sans guérison : les fauves du désert qui les traîneront çà et là sur la terre. » A ce propos, le prophète Daniel s'écrie que « la bête fauve, terrible, étonnante et très puissante, dont les dents sont de fer et les serres de cuivre, mangeait, broyait et foulait le reste aux pieds[4] ». Il dit encore à la fin de ces paroles : « Le jour de leur perte est proche[5], le Seigneur est arrivé sur eux avec des préparatifs. » Ce qui également s'accomplira eu son temps.

(1) Cf. la note ci-dessus, p. 111.

(2) Math., XXIV, 35 et les parallèles dans les deux autres synoptiques.

(3) Jérémie, XV, 14.

(4) Daniel, VII, 7.

(5) Réminiscence de Jérémie, XLVI, 21.

La même année, les Arméniens se détachèrent des Ismaélites et se soumirent de nouveau à l'empereur grec. L'empereur Constantin nomma Hamazasp, seigneur des Mamikoniens, curopalate[1], lui fit cadeau de sièges d'argent et lui octroya le commandement du pays des Arméniens, en donnant aux autres chefs des places d'honneur et de l'argent aux troupes.

Lorsque le roi ismaélite vit que les Arméniens s'étaient détachés de lui, il fit passer au fil de l'épée tous les otages qu'ils avaient emmenés du pays, environ 1,775 personnes. Les quelques autres, environ 22, qui ne s'y trouvaient pas, furent les seuls à avoir la vie sauve.

Mais Mušeł, seigneur des Mamikoniens, ne put pas se détacher des Ismaélites, parce qu'il avait quatre fils en otage chez eux. Il y avait parmi les otages trois [fils] [et] un frère d'Hamazasp. [Les Arabes] firent venir chez eux en Syrie ces derniers ainsi que d'autres chefs, avec leurs femmes. Par suite, [les Arméniens] persuadés qu'il valait mieux mourir que de vivre, se séparèrent d'eux, et après des négociations hâtives, se soumirent à l'empereur grec, d'intelligence avec les chefs et les troupes des Ałuans, et les chefs de Siunie avec leur pays. Ceux aussi qui s'étaient mis précédemment sous la protection de l'Atrpatakan, se soumirent de nouveau et s'allièrent aux Arméniens, lorsque l'empire perse fut renversé et que les Ismaélites furent arrivés à la domination. Ils firent prisonniers Mušeł et les autres chefs, alliés avec lui.

Mais l'empereur ordonna de mettre ces derniers en liberté et il manda auprès de lui Mušeł seulement.

Dieu envoya une sédition parmi les armées des Ismaélites, détruisit leur accord; ils en vinrent aux mains entre eux et se partagèrent en quatre partis[2]. L'un est dans l'Inde, le second

[1] En 654; cf. H. Hübschmann, *Zur Geschichte...*, p. 42, n° 6.

[2] Les quatre partis entre lesquels se divisait l'Islâm étaient les Omayyades, les Chiites, les Khâridjites et le parti d'Abd-Allâh ibn az-Zobair; cf. Van Vloten, *Recherches sur la domination arabe, le chiitisme et les croyances messianiques sous le khalifat des Omayyades*, p. 34.

occupe l'Asorestan et le Nord; le troisième tient l'Égypte et le pays des Thètals; la quatrième, le pays des Arabes et un endroit qui est nommé Askaròn[1]. Ils commencèrent à combattre entre eux et ils se tuèrent les uns les autres avec grande effusion de sang. Alors ceux qui étaient en Égypte et en Arabie s'unirent; ils tuèrent leur roi[2], pillèrent les riches trésors et établirent un autre roi[3]. Eux-mêmes retournèrent dans leur pays.

Lorsque le chef qui était dans l'Asorestan, nommé Moavia, le second dans leur empire, eut connaissance de ce qui était arrivé, il persuada ses troupes, alla dans le désert et tua le roi qu'ils avaient établi. Puis il combattit contre l'armée qui était en Arabie, lui infligea une grande défaite, et rentra victorieux dans l'Asorestan. Mais l'armée qui était en Égypte négocia avec l'empereur des Grecs, conclut la paix avec lui, et passa de son côté. Une foule de soldats, environ 15,000, crurent en Christ et furent baptisés. Beaucoup de sang coula dans les armées ismaélites par le massacre de grandes masses, parce que la triste œuvre de la guerre les forçait à s'entretuer. Et ils n'eurent de repos de l'épée, de la captivité, des violents combats sur terre et sur mer que lorsque Moavia fut devenu puissant et les eut tous vaincus. Lorsqu'il se les eut soumis, il domina sur les possessions des enfants d'Ismaël, et fit la paix avec tous (Amen)[4].

[1] Askalon? cf. H. Hübschmann, *Zur Geschichte*..., p. 43, n° 3.

[2] Othman, 656.

[3] Ali.

[4] En 661; fondation de la dynastie des Ommayades.

INDEX DES NOMS PROPRES.

(LES NOMS GÉOGRAPHIQUES SONT EN *ITALIQUE*.)

B Բ

Dž Ջ

E Ե

I ի

J

K կ et ք

L Լ

Ł (Ł) Ղ

M Մ

P պ et փ

R ր

R ռ (ր)

S ս

Š շ

T ա et Թ

U ու

V վ

X խ

Y յ

Z զ

INDEX

DE QUELQUES TERMES TECHNIQUES.

Asparapet (*ասպարապետ*), *voir* sparapet.

Asparèz (*ասպարէզ*), stade, hippodrome, *ἱππόδρομος*, אספריסא: cf. H. Hübschmann *Arm. Gramm.*, I, p. 109.

Aspet (*ասպետ*), comte, chevalier, cavalier: cf. H. Hübschmann, *Arm. Gramm.*, I, p. 109.

Bambišn (*բամբիշն*), la reine, femme du roi de Perse; cf. H. Hübschmann, *Arm. Gramm.*, I, p. 116.

Dahliè (*դահլիճ*), cellule, cabinet, salon, *Zelle*, *παστοφόριον*; cf. H. Hübschmann, *Arm. Gramm.*, I, p. 133.

Dastakert (*դաստակերտ*), château, monument, ferme; cf. H. Hübschmann, *Arm. Gramm.*, I, p. 135.

Drungar (*դրունգար*), *δρουγγάριος*, chef d'un *δροῦγγος* (1,000 à 3,000 hommes d'infanterie); cf. H. Hübschmann, *Arm. Gramm.*, I, p. 347 et *Zur Geschichte Armeniens*..., p. 23, n. 6.

Erichapet (*երիցապետ*), grand prêtre, archiprêtre.

Gaherèch (*գահերէց*), président, premier; cf. H. Hübschmann, *Arm. Gramm.*, I, p. 125, *s. v.* *գահ*, trône, siège, dignité.

Hamarakar (*համարակար*), régisseur, percepteur, caissier chef, Steuereinnehmer, אמרכל: cf. H. Hübschmann, *Arm. Gramm.*, I, p. 178, et Patkanian, *Journal asiatique*, 1866, I, p. 115.

Išxan (*իշխան*), prince, ministre, commandant en chef civil et militaire.

Korator (*կորատոր*), dignité grecque : *κουράτωρ*, curator.

Marzpan (*մարզպան*), gardien des frontières, markgrave: cf. Patkanian, *Journal asiatique*, 1866, I, p. 114, et H. Hübschmann, *Arm. Gramm.*, I, p. 193.

Maškaperčan (*մաշկապերճան*), la tente du roi de Perse; cf. H. Hübschmann, *op. cit.*, I, p. 192.

Mobed = movpet = moγpet, movpetan movpet, le chef des mages dans le zoroastrisme: cf. Patkanian, *Journal asiatique*, 1866, I, p. 115, H. Hübschmann, *Arm. Gramm.*, I, p. 195, et Frédéric Rosenberg, *Le livre de Zoroastre* (Zarâtusht Nâma) *de Zartusht-i Bahrâm ben Paydû*... Saint-Pétersbourg, 1904, p. 4.

Naxarar (*նախարար*), prince, seigneur, satrape; nax = d'abord: cf. H. Hübschmann, *op. cit.*, I, p. 200.

Ostan (*ոստան*), contrée ou ville appartenant à la couronne: cf. H. Hübschmann, *op. cit.*, I, p. 215.

Ostikan (*ոստիկան*), administrateur, gouverneur, préfet; cf. H. Hübschmann, *ibid.*

Patgosapan (*պատգոսապան*), titre de Sahên; correspond à pâdhôspâne de Tab. Nöld., p. 151. La lecture exacte est فادوسفان ou فادوسبان, et se compose de *patgos* «province» et *pân* «gardien» (H. Hübschmann, *Arm. Gramm.*, I, p. 223). C'est le *κλιματάρχης* de Theophyl., 4, 7. Il y avait 4 pâdhôspâne pour la Perse; le pâdhôspân avait la direction suprême de l'administration civile; cf. Tab. Nöld., p. 152-153 et les notes.

Patrice (պատրիկ), grande dignité; πατρίκιος, patricius; cf. H. Hübschmann, *Arm. Gramm.*, I, p. 371.

Pĕšaspik (պէշասպիկ), courrier, précurseur; cf. H. Hübschmann, *Arm. Gramm.*, I, p. 230. Le texte de Sebêos, éd. Patk., p. 56, porte պէշաստակք.

Sahmanakal (սահմանակալ). Même sens que marzpan.

Sepuh (սեպուհ), tout noble, cadet de famille, qui n'est pas compté au nombre des chefs.

Sparapet (սպարապետ), chef suprême, ἀρχιστράτηγος; cf. H. Hübschmann, *Arm. Gramm.*, I, p. 240. Même sens que asparapet.

Spapazĕn (սպառազէն), complètement prêt, armé; אַסְפָּ־גָא; cf. H. Hübschmann, *Arm. Gramm.*, I, p. 239.

Spathar (սպաթար), σπαθάριος, spatharius, Schwertträger, Pallaschbewahrer; cf. H. Hübschmann, *Arm. Gramm.*, I, p. 380.

Tomar (տումար et տոմար), fragment d'un ouvrage, livre, encyclique, τομάριον — τόμος; cf. H. Hübschmann, *Arm. Gramm.*, I, p. 384-385.

Vardapet, le sens ancien est : maître, docteur, professeur. Dans l'état actuel des choses, ce mot désigne tout homme qui appartient au clergé régulier.

Xačhapan, gardien de la Croix, p. 69.

Xakhan (խաքան), le roi du Nord, le roi du Turkestan; cf. H. Hübschmann, *Arm. Gramm.*, I, p. 159. Sa femme se nommait la Xatun; Vahram en fit une servante du temple, probablement une courtisane sacrée; cf. Tab. Nöld., p. 104.

TABLE DES MATIÈRES.

AUGUSTE CARRIÈRE.

Les origines du texte masoréthique de l'Ancien Testament. Examen critique d'une récente hypothèse, par A. Kuenen, traduit du hollandais. Un vol. in-8°. 2 fr. 50

Inscriptions d'un reliquaire arménien de la Collection Basilewski, publiées et traduites. In-8°, deux héliogravures .... 5 fr.

Les huit sanctuaires de l'Arménie payenne, d'après Agathange et Moïse de Khoren. Étude critique. Un volume in-8°, carte .... 2 fr. 50

FRÉDÉRIC MACLER.

Contes syriaques. Histoire de Sindban, mise en français d'après le texte syriaque édité par le professeur Fr. Baethgen. In-18 .... 3 fr.

Moïse de Khoren et les travaux d'Auguste Carrière. In-8° .... 1 fr.

Extraits de la Chronique de Maribas Kaldoyo (Mar Abas Katina[?]). Essai de critique historico-littéraire. In-8° .... 3 fr. 50

Choix de fables arméniennes attribuées à Mkhithar Goch, traduites. In-8°. 2 fr.

L'Apocalypse arabe de Daniel, publiée, traduite et annotée. In-8° ...... 3 fr.

RENÉ DUSSAUD ET FRÉDÉRIC MACLER.

Voyage archéologique au Safâ et dans le Djebel ed-Drûz. In-8°, avec un itinéraire, 17 planches et 12 figures. (Couronné par l'Académie des Inscriptions et Belles-Lettres. Prix extraordinaire Bordin, 1903.) .... 10 fr.

Mission dans les régions désertiques de la Syrie moyenne. In-8°, avec un itinéraire, 30 planches et 5 figures .... 12 fr.

AÇOGHIG DE DARON.

Histoire universelle, traduite de l'arménien et annotée par E. Dulaurier, de l'Institut. In-8° .... 15 fr.

MICHEL LE SYRIEN.

Chronique de Michel le Syrien, patriarche jacobite d'Antioche (1166-1199), éditée pour la première fois et traduite en français par J.-B. Chabot. In-4°.

Tome I en 2 fascicules .... 25 fr.

Tome II en 3 fascicules .... 37 fr. 50

www.ingramcontent.com/pod-product-compliance
Ingram Content Group UK Ltd.
Pitfield, Milton Keynes, MK11 3LW, UK
UKHW021122220726
13924UKWH00004B/1858